웨스트민스터 소요리 문답과 함께
하나님을 만나는 52주 구역공과

날마다 그리스도의 사람을 세우는
구역예배

21세기 구역공과 편찬위원회

하나님의 사람을
만들어 가는 엘맨
ELMAN

날마다 그리스도의 사람을 세우는

구역예배

초판 1쇄   2020년 11월 26일

지 은 이   21세기 구역공과 편찬위원회
발 행 인   이규종
디 자 인   최주호
펴 낸 곳   엘맨출판사
등록번호   제13-1562호(1985.10.29.)
주   소   서울시 마포구 토정로222
          한국출판콘텐츠센터 422-3
전   화   (02) 323-4060,6401-7004
팩   스   (02) 323-6416
이 메 일   elman1985@hanmail.net

www.elman.kr

ISBN 978-89-5515-696-6 03230

값 6,500 원

웨스트민스터 소요리 문답과 함께
하나님을 만나는 52주 구역공과

날마다 그리스도의 사람을 세우는

구역예배

21세기 구역공과 편찬위원회

엘맨
ELMAN

공과를 내면서

구역식구 여러분. 한 해를 잘 보내셨는지요?

우리 삶의 과정에서 영혼을 살찌우는 일은 무엇보다도 중요합니다. 신앙의 기초를 든든히 하는 일, 믿음의 기둥을 세우는 일, 그리고 바람이 불어도 날아가지 않을 지붕을 씌우는 일, 이 모든 것이 예배와 교육으로 이루어집니다. 구역예배는 글자 그대로 구역식구들이 모여서 하나님께 예배드리는 시간입니다. 그런 가운데 말씀을 읽고, 듣고, 마음에 새기게 됩니다. 그러기에 기독교의 예배는 그 자체가 교육입니다. 그리고 예배와 함께 구역이 모여서 성도의 교제를 나누는 귀한 공동체적 시간입니다. 이 시간을 통하여 우리의 믿음과 신앙생활이 성장하고 발전하는 것입니다. 그런고로 우리는 구역예배의 모임에 소홀히 해서는 안 될 것입니다.

올해의 구역공과는 우리 기독교 성도들이 반드시 알아야 할 기초 교리서인 〈웨스트민스터 소요리문답서〉를 중심으로, 성경중심으로 해석하려고 노력하였으며, 일반적인 구역공과와는 달리 기독교의 기본적인 교리를 이해하도록 노력하였습니다. 그래서 예화나 일반적이 이야기는 많이 인용하지 못해서 좀 딱딱한 것 같기도 하지만, 그냥 읽으면 이해하기 쉽도록 풀어 쓰려고 하였으며, 구역강사들도 함께 읽음으로써 우리가 몰랐던 교리부분을 충실히 이해할 수 있도록 하였습니다.

또 다시 한 식구가 되어 하나님의 말씀을 나누고, 주님의 사랑을 함께 나누는 경건의 시간을 갖게 됨을 감사드리며, 하나님의 은혜와 평강 속에서 믿음과 경건이 성큼성큼 자라나기를 기도드립니다.

2021년 21세기구역공과편찬위원회

목차

제 1 과
우리 삶의 첫째 목적

"그런즉 너희가 먹든지 마시든지 무엇을 하든지
다 하나님의 영광을 위하여 하라"(고전 10:31)

찬송 / 292장

제1문 : 사람의 제일 되는 목적은 무엇입니까?
답 : 사람의 제일 되는 목적은 하나님을 영화롭게 하는 것과, 그를 영원토록 즐거워하는 것입니다.

1. 사람의 제일 되는 목적

하나님이 인간을 창조하신 근본 목적은 천지만물을 통하여 영광 받으시기를 원하시는 것입니다. 그 모든 피조물 중에 하나님과 같은 형상의 인격을 소유하고, 그와 같은 의식을 가지고, 그와 같은 영혼을 소유한 인간을 통하여 다른 만물과는 달리 뜻있는 산제사를 받으시기를 원하십니다.

그러므로 인간이 하나님께 영광을 돌리는 방법은 마음을 다하여야 합니다. 마음은 인간의 신앙과 하나님의 뜻이 하나가 되어 일하시는 장소입니다. 그러므로 우리의 마음이 온전히 하나님께 드려져서 하나님의 말씀을 따르고 하나님을 사랑하는 자세가 되어야 합니다.

인간이 지음을 받았을 때는 분명히 마음이 하나였지만, 하나님의 말씀을 불순종함으로 말미암아 마음의 초점을 잃었던 것입니다. 그러나 이제 예수 그리스도의 구속의 은혜와 성령님의 은혜로 거듭난 심령으로서 모든 영화를 하나님께 돌려야 합니다. 이것이 인간의 참 모습이며 인생의 목적입니다.

그리스도인의 인생관은 전 생애를 통해서 오직 하나님만을 영화롭게 하며, 그를 영원토록 즐거워하는 데에 있습니다. 인간이 하나님을 영화롭게 한다는 것은 하나님을 영화롭게 만든다거나 혹은 그에게 어떤 부가적인 영광을 돌려드린다는 것을 의미하는 것이 아닙니다. 하나님은 홀로 영원히 그리고 무한히 완전하시고 영광스러운 분이시기 때문입니다. 그러므로 하나님을 영화롭게 한다는 것은 곧 우리가 하나님의 영광을 나타내 보인다는 의미입니다.

하나님이 인간을 창조하실 때 겉모습만 하나님이 보시기에 좋게 지으신 것만은 아닙니다. 더구나 아무런 이유나 목적 없이 인생을 창조하신 것도 아닙니다. 마치 도예가가 진흙으로 도자기를 만들 때 이미 그의 생각에 각각 쓰임새를 생각하고, 이렇게 저렇게 쓸 그릇을 만드는 것과 같이, 하나님이 우리를 지으신 목적이 있습니다. 하나님이 우리를 만드신 목적을 추구하는 삶이 우리 인생의 제일 되는 목적이 되어야 합니다. 이것이 곧 우리를 지으신 하나님을 영화롭게 하는 것입니다(롬 9:21-23).

2. 영광을 받으시기에 합당하신 이유

하나님께서 영광을 받으시기에 합당하신 이유는 첫째로 온 우주 만물의 창조주이시며, 그리스도의 피로 우리를 구속하셨기 때문입니다(계 4:11, 시 148:5, 엡 1:6,12,14).

우리가 교회로 모여서 예배드릴 건물을 지을 때, 지어놓은 건물 안에는 의자와 강단, 강대상, 스피커와 엠프 등의 모든 시설을 갖추는 일들을 차선적인 목표라 한다면, 예배당의 제일 되는 목표는 하나님께 예배드리는 것입니다. 이와 마찬가지로 우리 삶의 목표도 우선적인 것이 있습니다. 돈이나 명예, 부귀나 건강 따위는 차선이며, 우리 삶의 제일 되는 목적, 곧 하나님께서 우리 삶을 만드신 제일 되는 목적은 하나님이 영광을 받으시는 것입니다.

그리고 "그를 영원토록 즐거워하는 것"은 우리의 삶 전부가 하나님께 의식적으로 영광 돌리고, 하나님의 이름을 존귀하게 여기며 높여 예배하는 것을 의미합니다. 이것은 우리 하나님을 어떻게 신뢰하고 믿어야 하는가, 그리고 하나님이 우리에게 요구하시는 것이 무엇인가를 끊임없이 배우고 알아 가는 것이 그를 즐거워하는 것입니다. 또한 "하나님을 즐거워 한다"는 것은 기쁨과 만족감을 가지고 가장 좋으신 하나님 안에서 그를 묵묵히 따르는 순복하는 자세를 의미합니다(시 73:25-28).

　하나님께서 영광을 받으시기에 합당하신 두 번째 이유는, 하나님은 시작도 없으시고 끝이 없으신 분으로 영원히 스스로 존재하시며, 만물의 창조주이시고 만복의 근원으로써 영광을 받으실 유일의 존재이기 때문입니다. 이 하나님으로부터 지음을 받은 우리 인간은 그를 기뻐해야 할 요소가 충분한 것입니다. 만물이 다 주에게서 나오고, 주로 말미암고, 주에게로 돌아갈 것이 진리이며 움직일 수 없는 엄숙한 사실입니다.

　그러므로 기쁠 때나 슬플 때나 삶과 죽음을 총망라하여 나의 전부가 되시는 하나님을 가까이 하고 섬기고 즐거워하는 것은 지극히 당연한 일입니다.

　이렇게 사람의 제일 되는 목적은 나의 전부를 다하여 하나님을 영화롭게 할 뿐 아니라 주관적으로 나에게 기쁨의 근원이 되시어서 영원토록 내 생의 기쁨이 되시는 삼위일체 하나님을 즐거워해야 할 것입니다.

/ 말씀을 생각하며 /

오늘 배운 문답서의 요약

문 :

답 :

오늘 배운 말씀의 교훈

이번 주 나의 기도

나	
가정	
이웃	
교회	
기타	

제 2 과
인간에게 주신 규칙

"모든 성경은 하나님의 감동으로 된 것으로 교훈과 책망과
바르게 함과 의로 교육하기에 유익하니"(딤후 3:16)

찬송 / 202장

**제2문 : 하나님께서 무슨 규칙을 우리에게 주사 어떻게 자기를 영화롭
게 하고 즐거워할 것을 지시하셨습니까?**
**답 : 신구약 성경에 기재된 하나님의 말씀은 어떻게 우리가 그를 즐거워
하고 영화롭게 할 것을 지시하는 유일한 규칙입니다.**

성경은 '하나님을 영화롭게 하고 영원토록 그를 즐거워하는' 인간
의 생활을 안내하는 규칙을 기록한 하나님의 말씀입니다. 하나님께서
는 이 말씀을 통해서 자신을 표현하시며, 그의 뜻을 계시하시고, 그가
하시는 일을 나타내 보이십니다. 곧 그의 말씀 속에서 우리와 매일 만
나십니다.

1. 특별 계시로서의 신·구약성경

인간이 범죄 타락하기 전에는 자연을 통한 일반 계시로서도 하나님의
뜻을 깨닫고 하나님께서 원하시는 영광을 돌릴 수 있었습니다.
그러나 타락 후에는 죄악의 눈은 밝아졌으나 하나님을 보는 눈이 심
히 어두워져 인간 스스로 하나님께 드릴 바른 제사의 기준을 찾기가
어려웠습니다(롬 1:21). 결국 죄가 있었기에 규칙이 작용한 것입니다.
인간으로 하여금 죄인 됨을 깨닫게 하고, 구원의 필요를 알게 하고,
하나님께 영광을 돌릴 수 있는 길을 특별 계시를 통하여 알려 주시지

않으시면 인간 스스로는 도저히 해결할 수 없는 어려운 문제점에 봉착했던 것입니다. 그 이유는 하나님의 섭리로 이루어지는 자연계를 밝은 눈으로 전망할 수 있는 인간의 지성과 영적인 감각을 이미 상실하였기 때문입니다.

인간에게 주신 하나님의 특별 계시는 곧 신·구약 성경입니다. 이 성경에는 하나님이 죄인을 구원하시기 위하여 은혜로 주신 보고가 담겨 있으며, 기독교인의 생활 규범, 하나님과 인간 간의 영적 교류 및 인간의 일상생활에 필요한 모든 하나님 제일주의의 선한 양식으로 채워져 있습니다. 그리고 성경은 그것을 가지지 않으면 죽을 수밖에 없는 절망적인 상태의 인간에게 산 생명과 소망을 부여해 주는 최고의 선물입니다.

2. 선지자들과 사도들을 통하여 주신 계시

신·구약 성경은 하나님의 성령으로 선지자들과 사도들을 감동하여 하나님의 죄인 구원을 위하여 나타내시고자 하신 뜻을 기록케 한 것입니다(딤후 3:16). 이것을 성경의 영감교리라 합니다. 이 영감교리는 하나님께서 선지자들과 사도들의 개성과 지식과 사명감과 문체를 다 사용하시되 오직 성령으로 주장하셔서 기록상 하나님의 교리에서 과오를 범하지 않도록 지시하시고 감독하신 것을 의미합니다.

사도 요한은 말하기를 **"우리가 보고 들은 바를 너희에게도 전함은 너희로 우리와 사귐이 있게 하려 함이니 우리의 사귐은 아버지와 그의 아들 예수 그리스도와 더불어 누림이라 우리가 이것을 씀은 우리의 기쁨이 충만하게 하려 함이라"**(요일 1:3,4)고 하였습니다.

성경은 하나님의 계명과 권고와 구원의 방법, 그리고 신자들이 해야 할 일들을 자세히 설명해 줍니다. 어디까지가 사랑이고 무엇이 죄악이라고 하는 것을 분명하게 가르치고 있습니다. 그 모든 원칙들을 대표적인 인물과 상황을 사용하여 자세히 알려줍니다.

이 성경대로만 살면 되도록 추호도 어김이 없는 완성된 법률로 이루어진 책입니다. 처음부터 끝까지 전체가 하나님의 주권적인 사랑의 논리이며 공의의 경고입니다. 죄로 타락하고 어두워진 인간에게는 이렇게 기록된 계시 밖에는 달리 하나님을 영화롭게 하고 그를 영원토록 즐거워 할 길을 찾을 수 있는 곳은 없는 것입니다.

성경을 떠난 모든 생활은 나침판 없는 배와 같이 방향을 잃은 형태인 것입니다. 성경은 곧 그리스도를 가리킵니다. 그리스도 안에서만 하나님을 영화롭게 할 수 있습니다.

신·구약 성경은 우리 죄인이 하나님의 구원의 은혜 받는 첫째 방편입니다. 하나님의 말씀은 영감으로 기록되고 정확하고 오류가 없는(正確無誤) 유일한 법칙입니다. 이 말씀을 따르면 우리 인생은 하나님을 영화롭게 하고 그를 영원히 즐거워 할 수 있습니다.

신·구약 성경은 하나님이 인간에게 주신 사랑의 선물이며 곧 인간의 생명력의 원천입니다. 이것이 인간이 반드시 지켜야 할 유일한 규칙인 것입니다. 성경은 그 자체로 완전하여 하나님의 영광과 인간의 도리를 명확하게 제시하여 주고 있습니다.

성경은 우리에게 인류의 정확한 역사나 과학, 심지어 예수님의 생애에 관해서 조차도 자세하게 가르쳐주지 않습니다. 성경은 어떤 지식을 전해주기 위해 기록된 책이 아니고 하나님을 어떻게 믿을 것인가? 하나님이 우리에게 분부하시고 있는 것은 무엇인가? 하는 것들을 알게 하기 위해서 주어진 책이기 때문입니다. 즉, 신·구약성경은 신앙과 행위에 대한 유일한 규칙으로서, 우리가 무엇을 믿어야할 것과 어떻게 행해야 될 것 등을 지시해 주는 안내서요, 지침서입니다.

/ 말씀을 생각하며 /

오늘 배운 문답서의 요약

문 :

답 :

오늘 배운 말씀의 교훈

이번 주 나의 기도

나
가정
이웃
교회
기타

제 3 과
인간에게 주신 규칙

"모든 성경은 하나님의 감동으로 된 것으로 교훈과 책망과
바르게 함과 의로 교육하기에 유익하니"(딤후 3:16)

찬송 / 273장

제3문 : 성경이 제일 요긴하게 교훈하는 것은 무엇입니까?
**답 : 성경이 제일 요긴하게 교훈하는 것은 사람이 하나님에 대하여 어
떻게 믿어야 할 것과 하나님께서 사람에게 요구하시는 본분입니다.**

　인생의 목적은 하나님께 영광을 돌리고, 그 분을 즐기는 것이며, 이런
삶을 이루기 위한 유일한 규범으로 주어진 것은 오직 성경이란 사실을
1,2문을 통해서 배웠습니다. 오늘 제3문에서는 하나님을 믿는 자로서
하나님께서 주신 이 유일한 규범인 성경이 '과연 우리에게 무엇을 가르
쳐 주고 있는가?'라는 의문 갖게 되는 것이 자연스러운 것이기에 이에
대한 답을 주고 있습니다.

　1. 성경은 하나님에 대하여 어떻게 믿을 것을 가르칩니다.

　성경에 계시하신 하나님은 살아계신 하나님입니다(시 14:1). 또한 그
가 깊으신 뜻으로 천지를 창조하셨고(창 1:2), 지금도 섭리로 다스리시
는 분이십니다(시 127:1). 이런 하나님께서 타락한 인간들을 사랑하셔
서 성자 예수 그리스도께서 대속하심으로 구원을 이루시고, 백성을 삼
으신 것입니다(갈 1:4). 그리고 성령 하나님께서 함께하심으로 예수 그
리스도께서 다시 오시는 날에 함께 '영광의 하나님 나라'에 들어가게 될
것입니다. 이것이 성경의 핵심적인 가르침의 요약입니다.

성경은 하나님의 계시입니다. 계시란 '드러내는 것'입니다. 하나님께서 당신님을 드러내시는 놀라운 사건이 바로 계시입니다. 성경이 하나님의 계시라고 할 때에 우린 성경 전체가 하나님 당신님을 드러내고 있다고 이해해야 바르게 이해하는 것입니다.

성경은 어느 인물이나 사건에 초점을 맞추고 있지 않습니다. 모세도, 다윗도, 천지 창조도 성경의 중심된 관심이 아닙니다. 성경은 오직 삼위일체 하나님께만 초점이 맞춰져 있습니다. 그래서 성경에 나오는 인간들은 하나님이신 예수 그리스도를 제외하고는 우리에게 본으로 주어져있지 않습니다. 성경의 인물들은 우리의 영웅이 아닙니다. 기적들도 그 신기한 사건 자체로는 의미가 없습니다.

그런데 현실 속에서 우리는 인물 중심의 이해나 설교를 너무도 많이 접하게 됩니다. 예를 들자면 '야곱의 이런 면은 닮아야 하고, 저런 면은 문제가 있다.' 이런 식의 이해 속에서는 하나님이 이런 선과 악을 행하는 중심인물에게 칭찬이나 벌을 주기 위해 가끔 나타나는 초월적인 존재에 불과하게 됩니다. 그렇게 해서는 성경이 위인전이나 신기한 옛날 이야기와 별반 차이가 없어지는 것입니다.

성경은 그런 인물들과 사건들을 통해서 하나님의 어떠하심을 우리에게 가르쳐주고 있는 것입니다. '하나님께서 얼마나 광대하신가, 하나님께서 얼마나 신실하신가, 하나님께서 얼마나 열심히 인생들에게 사랑으로 다가오셔서 결국 그를 하나님 자녀답게 만드시는가'가 성경이 우리에게 증언하는 것입니다. 그러므로 성경의 어느 곳, 어떤 사건과 어떤 인물을 보더라도 거기서 하나님의 어떠하심을 알기 위해 주목하고 집중해야 하는 것입니다.

2. 성경은 하나님이 사람에게 요구하시는 본분을 가르칩니다.

하나님께서 인간을 창조하셨으며, 다시 타락한 인간을 구원하셨습니다. 이렇게 창조하시고 구원하신 이유는 우리의 행복을 위해서가 아닙니다. 이것은 이미 소요리 문답 제1문에서 사람의 제일 되는 목적이 우리의 행복이 아니라고 한데서 배웠습니다. 우리를 구원하신 참된 이유는 하나님의 영광을 위하여 하나님의 백성 삼으시려는 것입니다. 그래서 성경은 구원을 얻어 하나님에 대해서 알고, 하나님 나라 백성이 된 우리에게 하나님 나라 백성으로서의 본분, 그 마땅히 하여야 할 본래의 의무가 무엇인지를 가르치는 것입니다.

성경이 요구하는 것은 이미 구원을 얻은 자, 하나님 나라 백성이 된 자에게 대한 요구이지, 구원을 얻을 자에게 어떤 공로와 조건을 제시하는 것이 아닙니다. 우리는 온전히 하나님의 은혜로 구원을 얻는다고 믿는 자들입니다. 만일 인간에게 조금의 조건이라도 요구되었다면 우리는 어느 누구도 그 조건에 이를 수 없었을 것입니다. 물론 믿어야 한다는 것을 조건이라고 말할 수도 있겠으나, 믿음 또한 하나님의 은혜가 아니면 얻지 못 할 것이기 때문입니다.

우리는 하나님의 백성 된 자들로서 하나님의 말씀인 성경을 바르게 이해하는 문제는 너무도 중요한 문제입니다. 성경을 보는 이 두 가지 관점은 우리에게 성경의 본의를 잘 이해하게 해주는 초석이 될 것입니다. 그러므로 우리는 이것을 늘 유념하면서 성경을 읽어야겠습니다. 이것을 유념치 않고 그냥 읽는 것은 마치 대화하고 있는 사람의 말을 이해하지 못하고 자기 마음대로 해석해서 실례를 범하는 것과 같은 것입니다. 또한 성경에 대한 바른 이해의 부족은 하나님 나라의 백성다움을 풍성히 누리며 살아갈 수 없게 만들 것입니다.

/ 말씀을 생각하며 /

오늘 배운 문답서의 요약

> 문 :
>
>
> 답 :

오늘 배운 말씀의 교훈

이번 주 나의 기도

나	
가정	
이웃	
교회	
기타	

제 4 과
오직 한 분이신 하나님

"하나님은 영이시니 예배하는 자가 영과 진리로
예배할지니라"(요 4:24)

찬송 / 294장

제4문 : 하나님은 어떤 분이십니까?
**답 : 하나님은 신이신데 그의 존재하심과 지혜와 권능과 거룩하심과 공
의와 인자하심과 진실하심이 무한하시며 무궁하시며 불변하십니다.**
제5문 : 하나님 한 분 외에 다른 하나님이 있습니까?
답 : 하나님은 한 분 뿐이시니 참되시고 살아계신 하나님이십니다.

일반 종교의 신은 남신과 여신, 혹은 수호신 등 그 수가 너무나 많습
니다. 그러나 우주의 창조자이신 하나님은 한 분이십니다. 그러기 때문
에 기독교만이 참 종교이며 우리가 섬기는 하나님만이 경배를 받아야
할 참 신이십니다. 자연과 만물은 이 엄숙한 법칙에서 벗어날 수가 없는
것입니다. 타종교가 말하는 그들의 신과 어떻게 다른가 하는 점을 비교
해 볼 필요조차 없는 것입니다.

1. 하나님은 유일한 우주의 주인입니다.

영원히 스스로 존재하시며 절대 불변하는 하나님은 자기 스스로 세상
을 창조하시고 창조하신 만물을 통찰하시는 유일신이십니다(신 6:4). 그
러므로 하나님은 절대주권자의 자격으로 행사 할 권리를 가지신 것입니
다. 예수님께서는 이 절대주권자에게 "마음을 다하고 힘을 다하고 정성
을 다하여" 사랑을 바치라고 강력히 권고 했습니다.

인격적인 신이시며, 절대 완전하신 하나님은 인간에게 완전한 사랑과 봉사를 요구하십니다. 양적인 것이나 외모를 취하는 모든 세상적인 요소들을 인정하지 아니하시고 그 중심에 이 하나님을 섬기기를 원하고 계십니다(신 6:5). 그러므로 인간은 하나님께 인격적인 완전한 의존을 필요로 합니다.

전적으로 하나님께 맡기고 나의 생명의 절대자이신 그분의 원하시는 대로 움직여야 합니다. 이 절대 순종을 바치는 것이 유일하신 하나님께 드리는 예의와 도리인 것입니다.

만약에 하나님 외에 다른 어떤 신에게 그와 같은 사랑과 봉사를 바치는 것은 우상숭배가 되는 것입니다. 동일한 봉사, 동일한 사랑이라도 하나님 안에서 이루어지는 행사만이 합당한 것입니다.

타 종교가 말하는 신은 여호와 하나님과 대등한 다른 신이 아니고 하나님을 거역한 인간이 피조자로서의 의존성을 하나님에게서 찾지 않고 같은 피조계에서 찾아서 신 아닌 것을 거짓으로 꾸며서 스스로 만들어 낸 인간 이하의 조작품에 불과한 것입니다. 세상에서 어리석은 일이 있다면 자기가 만든 작품을 자기의 주인으로 삼는 것보다 더한 어리석음이 어디 있겠습니까? 그러기에 이러한 형태는 어디까지나 거짓된 안심의 표명에 불과합니다. 절대로 유일하신 여호와 외에 작용할 수 있는 힘을 주는 다른 신이 없는 것입니다.

2. 하나님은 살아계신 인격적인 신이십니다.

하나님은 살아계신 참 신이십니다. 살아계신다 하는 말은 지(知), 정(情), 의(意)를 가진 인격적인 성품을 말하는 것입니다. 하나님은 사람을 자기의 형상으로 지으시고 인격자라고 하셨습니다. 사람이 가진 인격은 하나님 자신에게서 그 성격을 발견할 수 있는데 특히 예수 그리스도의 인격 가운데서 그 인격을 진정하게 보여 주고 있습니다. 이 인격적 하나님은 아브라함의 하나님이시며 이삭의 하나님이요 야곱의 하나님으로서 항상 살아계신 신이십니다. 따라서 오늘 우리 그리스도인들의 하나님이신 것입니다. 그는 항상 살아 계신 하나님이심을 선지자들이나 왕들을 통하여 증거 하였으며, 인간의 모든 형편을 세밀히 감찰 하십니다. 그의 정은 동적인 것이며 인간의 죄와 불순종을 보실 때에 슬퍼하시고 노하시고 삶을 지으신 것을 후회까지 하셨습니다. 이것은 그의 계획을 변경하려는 뜻에서 비롯된 것이 아니라 오직 면밀히 살필수록 더욱 멸망 받을 수밖에 없는 그 죄악들을 바라보실 때 너무도 안타까워 그를 동정하는 자비한 마음의 동작인 것입니다.

이렇게 살아계셔서 그가 지으신 사랑하는 인간들을 돌아보시고 보호하시는 하나님은 여호와 한 분뿐이십니다(렘 10:3-10 참조).

이와 같은 하나님의 계시에 의한 종교는 세상에 하나뿐입니다. 인간의 사명은 이 하나님을 기쁘시게 하는 것입니다.

우리는 이 유일하신 하나님을 섬기는 유일한 종교 기독교를 신봉합니다. 유일하신 살아계신 참신 하나님을 알게 된 부터가 이미 하나님의 축복인 것입니다. 오직 그분에게만 전인격적 사랑을 바치고 그 분에게만 봉사하고 절대적 순종으로 섬기는 일은 당연한 일입니다. 여기에는 진정한 감사와 감격이 있을 뿐입니다.

/ 말씀을 생각하며 /

오늘 배운 문답서의 요약

문 :

답 :

오늘 배운 말씀의 교훈

이번 주 나의 기도

나
가정
이웃
교회
기타

제 5 과
삼위일체이신 하나님

"그러므로 너희는 가서 모든 민족을 제자로 삼아
아버지와 아들과 성령의 이름으로 세례를 베풀고
내가 너희에게 분부한 모든 것을
가르쳐 지키게 하라 볼지어다 내가 세상 끝날까지
너희와 항상 함께 있으리라 하시니라(마 28:19-20)

"주 예수 그리스도의 은혜와 하나님의 사랑과 성령의 교통하심이
너희 무리와 함께 있을지어다"
(고후 13:13)

찬송 / 309장

제6문 : 하나님의 신격에 몇 위(位)가 계십니까?
**답 : 하나님의 신격에 삼위(三位)가 계시는데 성부(聖父)와 성자(聖子)와
성령(聖靈)입니다. 이 삼위는 한 하나님이시며 본체는 하나요 권능
과 영광은 동등이십니다.**

삼위일체 하나님의 교리는 이해하기가 어렵습니다. 이는 오직 하나
님에게 속한 신비입니다. 그러나 분명히 성경은 성부·성자·성령을 확실
히 증거하고 있습니다. 이 삼위는 동일본질이신 하나님이십니다. 삼위
일체교리는 교부시대로 부터 논의되어 왔으며, 개신교의 신학에서 확
고한 교리로 받아들이고 있습니다.

1. 삼위일체의 의미

삼위의 본질은 동일합니다. 삼위 간에 권능과 영광의 차이가 없습니

다. 한 위가 다른 위보다 높다는 것이 아닙니다. 한 신격에 3 위가 동일하다는 것은 한 위가 각 다른 위와 서로 연합한다는 것입니다. "아버지께서 내 안에 내가 아버지 안에 있는 것 같이"(요 17: 21)란 말씀이 잘 증거하고 있습니다.

2. 제 1위이신 성부 하나님

삼위 중에 제 1위는 아버지(聖父)이십니다. 제 1위란 것은 삼위간의 논리적 순서를 말한 것이고, 결코 그 우월성을 말한 것이 아닙니다. 아버지가 다른 위보다 더 높고 위엄이 있고 더 완전하다는 것이 아니라 논리상으로 볼 때에 성부라는 이름이 성자보다 앞서야 하고, 성자가 성령보다 앞에 있어야 하며, 동일한 시간에 같이 부를 수 없기 때문에 이런 순서를 정한 것입니다.

3. 제 2위이신 성자 하나님

제 2위는 예수 그리스도이시며 그는 영원 전부터 아버지로부터 나신 분이십니다. "만세 전부터, 태초부터, 땅이 생기기 전부터 내가 세움을 받았나니 아직 바다가 생기지 아니하였고 큰 샘들이 있기 전에 내가 이미 났으며 산이 세워지기 전에, 언덕이 생기기 전에 내가 이미 났으니"(잠 8:23-25)라고 한 것은 성자의 영원한 발생을 선포한 것입니다.

성자의 영원성에 대하여는 요한은 "태초에 말씀이 계시니라 이 말씀이 하나님과 함께 계셨으니 이 말씀은 곧 하나님이시니라 그가 태초에 하나님과 함께 계셨고 만물이 그로 말미암아 지은 바 되었으니 지은 것이 하나도 그가 없이는 된 것이 없느니라 그 안에 생명이 있었으니 이 생명은 사람들의 빛이라"(요 1:1-4)라고 증거하였습니다.

4. 제 3위이신 성령 하나님

제 3위는 성령이시며 성부 하나님과 성자 하나님으로부터 나오시는 분으로써 사람의 마음에 빛을 비추어 진리를 증거하시며 감동시키고 거룩한 동기를 일으키는 사역을 합니다. 성령의 본체는 하늘에도 계시며 어디나 계십니다. 그러나 그의 거룩한 감화는 신자들의 마음에 있습니다. 이는 우리 마음에 기름을 부어 주는 사역입니다. 이 성령에 대하여는 예수께서 제자들에게 미리 말씀하신 바 있습니다. 이 3위의 명칭과 역사는 마태복음 3:16-17에 **"예수께서 세례를 받으시고 곧 물에서 올라오실새 하늘이 열리고 하나님의 성령이 비둘기 같이 내려 자기 위에 임하심을 보시더니 하늘로부터 소리가 있어 말씀하시되 이는 내 사랑하는 아들이요 내 기뻐하는 자라 하시니라"**라고 증거 되었으며, 마태복음 28:19에 예수님께서 **"아버지와 아들과 성령의 이름으로 세례를 주라"**고 명하셨으며, 고린도후서 13:13절에 바울은 **"주 예수그리스도의 은혜와 하나님의 사랑과 성령의 교통하심이 너희 무리와 함께 있을지어다"**라고 축도한 것에 나타나 있습니다.

5. 삼위일체 하나님과 우리의 신앙

이처럼 삼위일체 교리는 어렵지만 한 걸음 한 걸음 바른 인식에로 걸어가야 합니다. 또한 삼위일체 교리가 바르게 서지 않으면 그리스도인의 신앙함에 큰 불균형을 초래할 뿐 아니라, 종국에는 이단에 빠지게 됩니다. 그만큼 삼위일체 교리는 성경을 통하여 내려주시는 참된 신앙과 인간적인 지혜를 가지고 만든 거짓 신앙을 가르는 시금석이 되었던 것입니다. 그러므로 삼위일체 교리는 순수한 신앙의 대상입니다. 인간의 이성만으로는 하나님께 속한 신비를 이해할 수 없는 것입니다. 오직 믿음으로만 이해되는 것입니다.

/ 말씀을 생각하며 /

오늘 배운 문답서의 요약

문 :

답 :

오늘 배운 말씀의 교훈

이번 주 나의 기도

나	
가정	
이웃	
교회	
기타	

제 6 과
하나님의 예정

"곧 창세 전에 그리스도 안에서 우리를 택하사 우리로 사랑 안에서 그 앞에 거룩하고 흠이 없게 하시려고… 모든 일을 그의 뜻의 결정대로 일하시는 이의 계획을 따라 우리가 예정을 입어 그 안에서 기업이 되었으니"(엡 1:4, 11)

찬송 / 374장

제7문 : 하나님의 예정이 무엇입니까?
답 : 하나님의 예정은 그 뜻대로 하신 영원한 경륜인데 이로 말미암아 자기 영광을 위하여 무릇 되어 가는 일을 미리 작정하신 것입니다.

하나님께서는 장차 일어날 모든 일을 하나도 빠짐없이 영원 전부터 미리 정하셨습니다. 이것을 크게 볼 때 하나님의 작정하심이라고 표현합니다. 그리고 특별히 인간의 구원에 관계되는 좁은 범위의 작정을 예정이라고 합니다. 즉, 예정이란 말은 '미리 정하심'을 의미하는데, 그것은 크게 선택(택하심)과 유기(버리심)로 구분됩니다.

1. 하나님의 작정의 성격

하나님의 작정은 천지 만물이 창조되기 전에 이미 계획하신 것이며, 이 계획을 통하여 우주 만물을 창조하신 것입니다. 지어진 모든 것은 하나님이 미리 작정하시고 목적하신 바가 나타난 것뿐으로 이 하나님의 창세 전 작정에 없었던 것은 아무것도 없습니다.

그리스도는 삼위일체 하나님의 제 2위로서 역시 영원하신 하나님으로 창세 전 하나님의 작정 때 함께 하셨습니다. 그러므로 "만물이 그로 말미암아 지은 바 되었으니 지은 것이 하나도 그가 없이는 된 것이 없느니라"(요 1:3)고 말씀하신 것입니다. 그리스도께서 맡은 사명은 타락한 인간을 구속하시는 일이었으므로 하나님이 택한 모든 사람은 그 생명이 그리스도 안에 있으며 그리스도를 믿음으로 그것을 소유하게 됩니다.

하나님의 작정은 삼위일체 하나님 외에 어떤 누구와도 의존하거나 타협하거나 하는 것이 없습니다. 다만 하나님만의 자유하신 의사대로 그 기쁘신 뜻대로 목적 있게 결정하신 것입니다. 바울은 "**깊도다 하나님의 지혜와 지식의 풍성함이여… 누가 주의 마음을 알았느냐 누가 그의 모사가 되었느냐**"(롬 11:33-34)라고 하였습니다.

우리 주 예수 그리스도의 아버지 되시는 하나님께서 그리스도 안에서 하늘에 속한 모든 신령한 복을 우리에게 주시되(엡 1:3) 그 안에서 우리를 택하시고 또한 미리 작정한 가운데 택하신 목적은 신자에게 하늘에 속한 모든 신령한 복을 주시기 위함입니다. 이 복을 받기 위해서는 하나님 앞에서 흠이 없어야 합니다. 그러므로 인간은 그리스도 안에서 속량함을 받도록 작정된 것입니다. 그 후에 은혜의 영광을 찬미하게 하셨습니다(엡 1:6,12,14).

2. 택하심과 버리심

하나님이 자신의 주권적인 뜻에 따라 어떤 사람은 구원하시려고 택하신 사람들이 있고, 택하지 아니하셔서 구원받지 못하는 사람들도 있습니다. 다시 말해 택하심은 타락한 인류 가운데 얼마를 구원하시려는 하나님의 영원하신 목적이요 버리심(유기)은 그 나머지 죄인들을 심판하시려는 하나님의 공의와 작정이라고 볼 수 있습니다. 그래서 택함 받은 사람은 전적으로 은혜를 입는 것이며 버림받은 사람들은 공의를 받는 것일 뿐입니다(롬 9:20-23, 엡 1:11).

그러나 혹자는 '그러면 우리가 사람들에게 구원받으라고 전도할 필요가 없지 않느냐'라고 반문 할지 모릅니다. 그러나 성경은 하나님께서는 구원받을 사람을 선택하셨을 뿐만 아니라 그 구원을 이루실 방편인 전도까지도 정하셨다고 말씀하십니다(롬 10:13-15).

그러므로 우리는 누가 구원을 받고 누가 버림을 받기로 예정되었는지는 하나님의 주권과 신비인 까닭에 그것을 알 수 없기 때문에 다만 모든 사람에게 복음을 전하라는 하나님의 명령에 적극적으로 순종해야 하는 것입니다(막 16:15).

3. 하나님의 은혜로

이 세상에 생겨나는 모든 일은 우연이나 우발적이거나 이유 없이 생겨나지 않습니다. 다 원인이 있으며, 그 원인의 궁극적인 부분에 하나님의 뜻이 있습니다. 그것은 **"만물이 주에게서 나오고 주로 말미암고 주에게로 돌아감이라 그에게 영광이 세세에 있을지어다"**(롬 11:36)는 말씀을 통해서도 알 수 있습니다.

우리 그리스도인들은 '세상'에서 택함을 받았습니다(요 15:19). 그리고 토기장이(하나님)는 진흙 '한 덩이'로 하나는 귀히 쓸 그릇을, 하나는 천히 쓸 그릇을 만들 권한 있으십니다(롬 9:1). 우리도 선택받지 못한 자들과 마찬가지로 원래 동일하게 불행한 존재였으나 이제는 선택받아 그 영광에 동참하게 되었으니 얼마나 큰 은혜인지 모릅니다.

살아 계신 하나님은 인격적 신으로서 의지와 목적을 가지신 분입니다. 그 기쁘신 뜻을 이루기 위하여 만물을 창조하셨고 형상이 같은 인간을 선택하신 것입니다. 그 중에서도 인간을 통하여 최고의 영광을 받으시고자 하는 것입니다.

그러므로 하나님이 지으신 모든 것은 이미 목적을 가지고 창조되었습니다. 따라서 그 목적대로 운행합니다. 하나님이 누리시는 최고의 영광은 죄인을 은혜로 구원하시고, 구원 받은 죄인이 그 크신 은혜에 감사와 영광을 돌리는 것을 가장 기뻐하십니다.

/ 말씀을 생각하며 /

오늘 배운 문답서의 요약

문 :

답 :

오늘 배운 말씀의 교훈

이번 주 나의 기도

나
가정
이웃
교회
기타

제 7 과
하나님의 창조

"태초에 말씀이 계시니라 이 말씀이 하나님과 함께 계셨으니
이 말씀은 곧 하나님이시니라 그가 태초에 하나님과 함께
계셨고 만물이 그로 말미암아 지은 바 되었으니
지은 것이 하나도 그가 없이는 된 것이 없느니라"(요한복음 1:1-3)

찬송 / 478장

제8문 : 하나님께서 그 예정을 어떻게 이루십니까?
답 : 하나님께서 그 예정을 이루시는 것은 창조와 섭리하시는 일로 하십니다.
제9문 : 창조하신 일이 무엇입니까?
답 : 창조하신 일은 하나님께서 엿새 동안 아무 것도 없는 중에서 그 권능의 말씀으로써 만물을 지으신 일인데다 매우 선하십니다.

하나님은 완벽하고 철저한 계획, 변함없는 의지로 세상을 창조하고 운영하시는 분이십니다. 그 계획을 우리가 단순히 표현할 때 "예정"이라고 합니다. 대체로 하나님의 계획을 '예정'이라고 한다면 계획을 이루시고 운영하는 것을 "섭리"라고 할 수 있습니다.

세계는 스스로 만들어질 수는 없습니다. 그 누구인가 창조주가 있어야 합니다. 그 주인이 곧 하나님이십니다. 하나님께서 세계를 창조하신 형편을 구체적으로 살펴보면 다음과 같습니다.

1. 무(無)에서 창조하셨습니다.

이것은 생물학적인 생식 또는 발생과 다른 것입니다. 생식이나 발생은 무엇이 먼저 있어서 그것에 의존해서 나온 것을 말합니다. 그러나

하나님의 천지창조는 전혀 그런 것이 없었습니다. 아무 것도 없는 가운데 구조와 물체를 창조하신 것입니다. 하나님은 무에서 세계의 이 모든 것을 영광스럽게 창조하셨습니다. 그러므로 인간도 본래의 시작은 무에서 시작되었기에 그 자체만으로도 스스로 창조주 앞에 교만할 수가 없는 것입니다.

2. 말씀으로 세상을 창조하셨습니다.

솔로몬이 성전을 지을 때 많은 일꾼이 필요하였으며 기술과 연장이 동원되었고 재목과 돈이 필요했습니다. 그러나 하나님은 연장이나 일꾼이나 재목이나 돈이 필요없었습니다. 오직 여호와의 말씀 한 마디로 이루어졌습니다(시 34:6). 하나님의 움직임은 항상 말씀입니다. 예수님도 풍랑이 이는 바다를 말씀으로 잔잔하게 하셨습니다. 하나님의 말씀은 곧 그의 능력입니다. 우리는 그 말씀 앞에서 엎드려 "주여 뜻대로 하옵소서" 하면서 순종할 뿐입니다.

하루의 창조가 끝날 때마다 **"하나님의 보시기에 좋았더라"**(창 1:4)고 하였습니다. 하나님의 설계로 그 능력과 지혜로 지으신 세상은 과연 아름다워 하나님 보시기에 만족스런 것들이었습니다(창 1:31).아담의 죄가 개입되기 전의 만물은 다 각기 하나님의 설계에 따라 하나님께 영광을 돌리는 존재 가치가 뚜렷한 것들이었습니다.

3. 창조의 기간

하나님은 모든 창조의 사역을 엿새 동안에 이루시고 이레 되는 날에 쉬시므로 이 날을 정하여 예배드리는 것입니다. 이 날들의 길이는 명백히 나타나지 않았지만 엿새의 창조와 그 날짜의 관계는 다음과 같습니다.

제 1일: 빛(빛과 어두움)

제 2일: 궁창(위의 물과 아래의 물)

제 3일: 바다와 육지 그리고 땅에 있는 초목들을 지으셨습니다.

제 4일: 태양과 星群(년월일시 즉 시간을 정함)

제 5일: 공중의 새와 물속의 물고기

제 6일: 동물과 인간

위와 같이 하나님은 창조에 있어서 질서 정연하게 이 모든 세계를 구성하셨고 모든 것을 각기 그 종류대로 구분하셨습니다. 창조에 관계된 하나님의 명칭은 "엘로힘" 입니다. 이 말이 창세기 1장에는 32회나 사용되었습니다. 그 이름의 뜻은 전능하신 창조주로서 칭송하는 말입니다. 창세기 1장은 위대한 창조의 기록으로써 절대 주권자 하나님과 그 뜻을 나타내는 장면으로 아주 엄숙한 순간이며 장면입니다. 이는 창조의 신화가 아니고 엄연한 역사입니다.

창조의 근본적인 목적은 하나님 자신의 영광을 위하신 것이지만 인간 창조의 직접적이고도 실제적인 목적은 만물의 영장 곧 모든 하등 피조물(생물)의 주관자 및 지배자로 삼으시기 위함입니다.

하나님은 엿새 동안에 아무것도 없는 중에서 그 권능의 말씀으로 만물을 지으셨습니다. 우주 만물을 만들어 그 기원을 삼으시고, 인간의 창조를 그 정점으로 없는 것[無]에서 만들어내신 일의 결과는 **"다 매우 선하더라"**(보시기에 **좋았더라**; 창 1:12, 18, 25)고 표현하셨습니다. 따라서 악(선하지 않은 것)은 그 기원을 하나님이 지으신 만물의 본질적 성질에 있는 것이 아니라 그 만물을 잘못 쓰는 존재들의 도덕적 패역에 있다는 것을 가르쳐 주고 있습니다.

/ 말씀을 생각하며 /

오늘 배운 문답서의 요약

문 :

답 :

오늘 배운 말씀의 교훈

이번 주 나의 기도

나
가정
이웃
교회
기타

제 8 과
사람을 지으심

"하나님이 자기 형상 곧 하나님의 형상대로
사람을 창조하시되
남자와 여자를 창조하시고"(창 1:27)

찬송 / 79장

제10문 : 하나님이 사람을 어떻게 지으셨습니까?
답 : 하나님이 사람을 남녀로 지으시되 자기의 형상대로 지식과 공의와
**　거룩함이 있게 하사 모든 생물을 지배하게 하셨습니다.**

　하나님 창조의 의의는 의식을 가진 이성적이고 가장 정묘한 인간 창
조입니다. 인간을 지으심에 있어 다른 피조들처럼 간단하게 말씀으로
처리하지 않으시고, 하나님의 형상과 모양을 따라 특별하게 창조되었
으며, 모든 것(만사, 만물)이 인간의 주도하에 서로 조화하여 그들의 목
적과 의미를 이루도록 지음을 받았기 때문입니다.

1. 남녀로 창조하셨습니다.

　먼저 아담을 지으시고 그의 갈비뼈로 하와(생명)를 지으셨습니다. 여
자를 남자의 머리뼈로 하지 않은 것은
　① 남자를 여자가 주관하지 말 것이며(딤전 2:12, 창 3:16)
　② 남녀가 인격적 또는 인권상 동등임과(출 30:11-16)
　③ 인류가 단일시조(일원적)를 가진 것과(고전 11:8)
　④ 예수의 옆구리의 물과 피로 교회가 이룬 것(요 19:34, 엡 5:26-27)
　또 일남일녀로 하신 것은 경건한 자녀를 위한 것입니다(말 2:15).

2. 하나님의 형상대로 지으셨습니다.

'하나님의 형상'이란 물질적 형체를 말하는 것이 아니고 하나님의 속성에 관련된 것입니다. 신학적으로 생각할 때 하나님의 형상을 다음의 두 가지로 나누어 생각할 수 있습니다.

① 좁은 의미로는 요리문답에 명시된 대로 지식, 공의, 거룩을 의미합니다. 이것은 창세기에는 밝혀지지 않았지만 신약에 중생된 새사람을 말하는 에베소서 4:24과 골로새서 3:10에 기록되어진 것입니다. 사람이 타락하기 전에는 하나님의 속성을 닮아서 지혜롭고 의롭고 그리고 거룩하게 지음을 받았습니다. 그러나 이와 같은 속성도 질적으로는 어디까지나 하나님으로부터 받은 피조물로서 제한된 지혜요 공의요 거룩입니다. 그러므로 피조물이 가지는 유한성에 제약을 받을 수밖에 없는 것입니다.

② 넓은 의미로 하나님의 형상은 위에 말한 세가지속성에만 국한된 것이 아니고 하나님 자신이 성육하셔서 땅에 친히 오심으로 자신의 형상을 완전히 보여 주셨으니 우리는 예수 그리스도가 완전한 하나님의 형상이라고 말할 수밖에 없습니다(고후 4:4, 골 1:15). 그러므로 중생된 신자는 그리스도를 닮아가는 것입니다.

3. 인간이 하나님께로 부터 받은 사명

① 예배의 의무 - 인간은 본체이며 아버지가 되시는 하나님을 마음을 다하여 사랑하며 섬기고 순종하는 하나님 중심의 예배적 의무를 받았습니다.

② 사교적 의무 - 인간은 남녀로 지음을 받아 독처하는 것이 아니라 생육하고 번성하는 축복을 받아 사회를 이루고 살아야 할 사교적 인간으로 지음을 받은 것입니다. 인간은 어느 특정인만 하나님의 형상을 따

라 지음 받은 것이 아니라 내 앞에 있는 형제나 타인들도 모두 하나님의 형상으로 지음 받은 것이기에 서로를 하나님 앞에 세워야 할 의무가 있는 것입니다.

③ 문화적 의무 – 또한 하나님은 인간에게 만물을 정복하고 다스리는 중대한 사명을 주셨습니다. 하나님의 형상으로 지음 받은 인간은 만물을 섬길 것이 아니라 하나님의 명령을 따라 그것들을 조사 연구하고 개발하고 개량 발전시켜서 그 속에 있는 하나님이 주신 모든 가능성을 찾아서 하나님께 더 큰 영광을 돌리는 문화적 사명이 있는 것입니다. 모든 만물은 이와 같은 사명을 받은 인간의 손을 기다리고 있습니다. 세계는 하나님의 형상으로 중생된 일꾼이 나타나 모든 죄악을 정복하고 하나님의 영광을 위해서 움직여 주기를 고대하면서 타락한 인간이 하나님의 뜻에 배반하여 자연을 정복하고 잘못 사용하는 것을 무한히 탄식하고 있습니다.

하나님께서 인간을 창조하신 역사를 살펴볼 때 진화론자들의 말이나 다른 창조설과는 근본적으로 다릅니다. 동시에 인간의 존엄성을 우리는 "하나님의 형상"으로 지음 받았다는 점에서 인정하는 것입니다. 그러므로 인간은 천하를 주고도 바꿀 수 없는 고귀한 생명입니다. 맡은 사명이 온 우주를 능가하고도 남음이 있는 가장 고귀한 생명인 인간은 궁극적으로 하나님 영광을 위해 대행하는 왕적 사명을 띠고 있는 것입니다.

/ 말씀을 생각하며 /

오늘 배운 문답서의 요약

문 :

답 :

오늘 배운 말씀의 교훈

이번 주 나의 기도

나
가정
이웃
교회
기타

제 9 과
하나님의 섭리

"참새 두 마리가 한 앗사리온에 팔리지 않느냐
그러나 너희 아버지께서 허락하지 아니하시면
그 하나도 땅에 떨어지지 아니하리라"(마 10:29)

찬송 / 563장

제11문 : 하나님의 섭리하시는 일이 무엇입니까?
답 : 하나님의 섭리하시는 일은 지극히 거룩함과 지혜와 권능으로써 모든 피조물과 그 행동을 보존하시며 통찰하시는 일입니다.

하나님께서는 그 예정을 이루시기 위하여 세상을 창조하셨습니다. 이 창조의 것들은 자연신론에서 말하는 것과 같이 하나님의 주관하심이 없이 자연 그대로 운행을 지속하는 것이 아닙니다. 하나님께서는 자기가 창조하신 모든 것을 보존하시며 모든 움직임을 관리하심으로써 그 작정하신 바를 이루고 운행을 계획적으로 질서 있게 하십니다. 이것을 신학적으로 하나님의 섭리라고 합니다.

1. 하나님의 섭리란

섭리란 창조로부터 영원에 이르기까지 하나님께서 그의 모든 피조물을 돌보시며 인도하시는 것을 말합니다. 즉, 모든 일은 하나님의 감추어져 있는 계획하심에 의하여 진행되어 집니다. 하늘과 땅과 무생물들뿐만 아니라 인간들의 계획과 뜻까지도 하나님의 섭리로 주관되어 그가 정해 놓으신 목표를 향하여 정확하게 움직입니다. 마치 선장이 배의 키를 잡고 조정하듯이 하나님께서 세상의 모든 것을 다스리고 계시는 것입니다. 그러므로 무엇 하나라도 운명에 의해서 일어나는 일이 없으며, 어떠한 일이라도 결코 우연히 생겨나지 않습니다(마 10:29).

예수님께서 "내 아버지께서 이제까지 일하시니 나도 일한다"(요 5:17)고 하셨습니다. 이것은 살아계신 하나님의 섭리를 가리킨 말입니다. 세상에서 일어나는 모든 사건이 하나님의 치밀한 계획 아래 다스려지고 있는 것입니다. 비록 적은 일이라 할지라도 빼놓지 않고 주시하고 관리하며 운영하십니다. 그러므로 목적 없고 운명적인 일은 아무 것도 없습니다. 비록 모든 일이 사람이 하는 일 같으나 하나님의 작정과 섭리로 되어지는 것을 의심할 수 없습니다.

2. 하나님의 섭리가 미치는 범위

① 장소적으로 하늘과 땅과 바다와 모든 곳에 이릅니다(렘 23:23, 시 107:23-24). 요나가 하나님을 피하여 다시스로 가다가 고기 뱃속에 들어간 일이 바로 그렇습니다. 무소부재하신 살아계신 하나님의 섭리의 영역에서 인간은 벗어날 수가 없는 것입니다.

② 모든 사람에게 미칩니다. 그 중에서도 특히 경건한 성도에게는 특별히 간섭하십니다. "너희 염려를 다 주께 맡겨 버려라 이는 저가 너희를 권고하심이니라"(벧전 5:9)고 하셨습니다. 하나님은 자기 백성을 위험에서 보호하시고 쓰러지는 곳에서 일으키시며 다른 길을 가려 할 때 붙잡아 주십니다.

③ 하나님의 섭리는 세상의 모든 사건과 행사에까지 이릅니다. 이 사람은 높이고 저 사람은 낮추는 일(시 75:7), 전쟁에서의 승패(삼상 11:13)까지 하십니다. 연약한 여인 에스더와 모르드개를 높이셔서 이스라엘을 구원하신 하나님의 섭리는 때와 장소와 사건에 구애됨이 없음을 봅니다. 뿐만 아니라 하나님은 공중의 새도 먹이시고 들의 풀도 입히시며 우리들의 머리털 하나까지 세시고 있다 하시니 우리들의 영혼들

은 얼마나 귀하게 여기시겠습니까?

3. 하나님의 섭리에 대한 우리의 태도

① 감사해야 합니다.

섭리는 모든 창조물을 계속 운행케 하고 있습니다. 만일 하나님의 지혜로운 섭리가 없다면 모든 것은 다 산산조각이 나고 해체되고 말 것입니다. 그리고 무로 돌아갈 것이며 섭리가 없으면 세계가 불안하고 혼돈 밖에 없을 것입니다. 그 지혜로운 섭리로써 천체 우주만물이 혼돈의 상태에 이르지 않고 불안한 위험을 당하지 않고 질서 속에 살게 되는 것입니다.

② 복종해야 합니다.

하나님이 지으시고 주인의 필요에 따라 움직이시는 일에 불평이란 있을 수 없습니다. 불평과 반항한 자들과, 복종한 자들의 역사를 비교해 볼 때 우리는 어느 편이 인간의 본분인지 잘 구분할 수 있을 것입니다. 불순종이나 섭리를 부인하는 것은 선악과를 따먹은 것과 동일한 죄로 인정받는 것입니다.

③ 믿어야 합니다.

모든 피조물과 그 행동을 보존하시며 통치하시는 하나님을 믿는 신자들은 어떤 것도 두려워할 것이 없고, 어떤 위험 중에서도 공포가 그를 정복하지 못할 것입니다. 신자는 자신의 운명과 세계 모든 것의 운명이 하나님의 손에 달려 있음을 압니다. 신자는 어떤 우발적 사건도 그가 자기 생애에 대한 하나님의 계획을 이루기 전에는 그를 옮겨 놓을 수 없음을 압니다. 질병이나, 고통이나, 환난이 닥친다 하더라도 그것 또한 그를 대하시는 하나님의 한 섭리인 줄을 믿는 것입니다.

/ 말씀을 생각하며 /

오늘 배운 문답서의 요약

문 :

답 :

오늘 배운 말씀의 교훈

이번 주 나의 기도

나
가정
이웃
교회
기타

제 10 과
생명의 언약

"여호와 하나님이 그 사람에게 명하여 이르시되
동산 각종 나무의 열매는 네가 임의로 먹되
선악을 알게 하는 나무의 열매는 먹지 말라
네가 먹는 날에는 반드시 죽으리라 하시니라"(창 2:16-17)

찬송 / 436장

제12문 : 사람이 창조함을 받아 본 지위에 있을 때 하나님께서 저를 향하여 섭리하시는 중에 무슨 특별한 작정을 하셨습니까?
답 : 하나님께서 사람을 창조하신 후에 순복하는 것을 조건으로 삼아 생명의 언약을 맺고 선악을 분별하는 나무의 실과를 먹는 것은 사망의 벌로써 금했습니다.

행위언약은 하나님께서 전 인류를 대표하는 첫 사람 아담과 더불어 세우신 엄숙한 협정입니다. 곧 하나님은 아담에게 순종을 조건으로 하여 영생을 약속하시고 불순종의 경우에는 영원한 사망으로써 형벌하실 것을 경고하신 것입니다. 여기서 사망이란 신체와 영혼의 분리 그리고 그 결과로 주어지는 영원한 재난과 고통을 뜻합니다. 즉, 육체적, 영적, 영원한 사망을 모두 포함하고 있습니다. 그리고 이 행위 언약의 상징은 바로 생명나무였습니다.

1. 하나님의 언약(계약)의 특징

언약을 맺는 당사자는 하나님과 사람입니다. 그러나 하나님은 인간과 상의하지 않으시고 하나님께서 주도적으로 언약을 맺으셨습니다. 언약의 종류와 내용, 그리고 그 기간에 대한 결정을 하나님께서 절대 주권을 가지고 맺으신 것입니다. 여기에 다른 계약과는 달리 하나님의 절대 주권이 있는 것입니다.

"여호와 하나님이 그 사람에게 명하여 가라사대 동산 각종 나무의 실과는 네가 임의로 먹되 선악을 알게 하는 나무의 실과는 먹지 말라 네가 먹는 날에는 정녕 죽으리라 하시니라."(창세기 2:16-17)

하나님께서 아담에게 '생명'을 약속하셨기 때문에 '생명의 언약'이라고 하며, 하나님이 선물을 주시기 전에 먼저 순종(행위)을 요구하시기 때문에 '행위 언약'이라고도 합니다. 그리고 에덴동산에서 아담과 맺으신 언약이라고 하여 '에덴의 언약'이라고도 합니다.

2. 아담은 어떤 상태에서 언약을 맺었는가?

아담은 하나님이 요구하시는 바를 행하기에 필요한 능력을 가진 자로 지음 받았습니다. 하나님이 사람을 정직하게 지으셨지만, 사람이 자기 꾀에 빠져 죄를 범하였으므로(전 7:29), 하나님은 아담을 불순종에서 지키시기 위해서 다른 방법을 강구하셨습니다. 하나님께서는 아담에게 필요한 모든 것을 주시고 언약을 맺으신 것이기 때문에 아담이 하나님의 말씀을 거역할 하등의 필요나 이유가 없었다는 것입니다.

그러나 하나님은 인간 아담과 이 계약을 맺기 위해서 낮은 땅에 내려오셔서 진흙으로 만든 인간에게 자기를 결속시켜 주시며, 이대로 순종할 때는 생명을 영원토록 주시고자 하신 것입니다. 이것은 인간에 대하여 가지는 하나님만의 특권적인 사랑이며 친교의 표시입니다. 이것이야말로 은총의 영광스러운 행위인 동시에 인간이 얼마나 영광의 자리에 놓였던가를 알게 합니다.

3. 하나님과 언약 백성의 관계는 무엇인가?

이 계약에 있어서는 행위가 인간의 칭의의 이유와 조건이었습니다(갈 3:12). 하나님은 인간과 언약을 맺으시고, 인간에게 요구하시는 것은 절대적으로 완전히 순종하는 것이었습니다. **"너희는 내 목소리를 순종하고 나의 모든 명령을 따라 행하라 그리하면 너희는 내 백성이 되겠고 나는 너희의 하나님이 되리라"**(렘 11:4)고 하셨습니다. 이 말씀은 하나님께서는 자신을 아낌없이 백성을 위해서 줄 터이니, 너희도 자신을 하나님에게 주어야 한다는 것을 의미하고 있습니다.

그리고 아담은 그의 행위를 어떤 대리인을 시켜서 하는 것이 아니라 아담 자신이 인격적으로 순종해야 하며, 영구적인 순종을 요구하신 것입니다.

그리고 언약을 어기게 되면 반드시 죽을 것이라고 경고하셨습니다. 인간은 이 언약을 어김으로 말미암아 하나님으로부터 분리되었고, 영혼과 육체가 죽음에 이르게 되었습니다. 죽음이란 영혼이 하나님으로부터 분리되는 것을 의미합니다.

하나님이 아담에게 요구하신 이 계약은 비단 아담 한 사람에게만 아니라 모든 인간에게 요구하신 것입니다. 우리는 하나님으로부터 거룩하게 지음 받은 인간의 고귀한 위치와 형편을 잘 기억해야 할 것입니다 인간은 때때로 인간 자체가 무엇인지 모르고 있습니다. 예수를 믿는 사람들 가운데도 인간의 갈 길이 무엇인지 방향을 모르는 사람들이 있습니다. 신앙은 인간을 이와 같은 근본 목적의 상태로 인도하는 데 있는 것입니다. 이제 그리스도 안에서 전보다 더 나은 상태로 회복된 것을 감사하여야 할 것입니다.

/ 말씀을 생각하며 /

오늘 배운 문답서의 요약

문 :

답 :

오늘 배운 말씀의 교훈

이번 주 나의 기도

나
가정
이웃
교회
기타

제 11 과
죄와 타락

"여자가 그 나무를 본즉 먹음직도 하고 보암직도 하고
지혜롭게 할 만큼 탐스럽기도 한 나무인지라
여자가 그 열매를 따먹고
자기와 함께 있는 남편에게도 주매 그도 먹은지라"
(창 3:6)

찬송 / 274장

제13문 : 우리 시조가 창조함을 받은 본 지위에 그대로 있었습니까?
답 : 우리 시조가 임의대로 자유함을 인하여 하나님께 죄를 범하므로 창
조함을 받은 본 지위에서 타락하였습니다.
제14문 : 죄가 무엇입니까?
답 : 죄는 하나님의 법을 순종함에 부족한 것이나 혹 어기는 것입니다.
제15문 : 우리 시조가 창조함을 받은 본 지위에서 타락하게 된 죄는 무
엇입니까?
답 : 우리 시조가 창조함을 받은 본 지위에서 타락하게 된 죄는 그 금하
신 실과를 먹은 것입니다.

죄란 '하나님의 법을 순종함에 부족하거나 혹은 어기는 것'을 의미합
니다. 그러나 사탄은 죄를 다만 '인간에게 해로운 어떤 것일 뿐'이라고
말합니다. 사탄은 아담이 하나님의 말씀을 유일하고 확실한 표준으로
받아들일 필요가 없다는 생각을 가지도록 유혹했습니다. 나아가서 사
탄은 아담으로 하여금 제일 좋은 것을 자기 스스로 결정할 수 있다는 생
각을 하도록 유혹했습니다.
선악의 판단 기준을 하나님에게 두지 않고 인간에게서 찾을 경우 바
른 판단을 할 수 없게 됩니다. 사람들 사이에서 보편적인 일치를 찾을

수 없습니다. 이 사람에게 좋게 보이는 것이 다른 사람에게는 좋게 보이지 않을 수 있기 때문입니다. 우리는 모든 판단의 근거를 하나님께 두어야 합니다.

1. 인간의 자유의지

하나님은 인간을 죄 없는 상태로 창조하셨습니다. 인간은 지식, 의, 거룩함에 있어서 하나님의 모양과 형상을 닮은 존재로 지음 받았습니다. 그러나 인간은 그 복된 상태를 계속 유지하지 못했습니다.

창세기 2:15-17을 보면, "여호와 하나님이 그 사람을 이끌어 에덴 동산에 두사 그것을 다스리며 지키게 하시고, 여호와 하나님이 그 사람에게 명하여 가라사대 동산 각종 나무의 실과는 네가 임의로 먹되 선악을 알게 하는 나무의 실과는 먹지 말라 네가 먹는 날에는 정녕 죽으리라 하시니라."고 하셨습니다.

여기에서 하나님은 인간에게 두 가지 길을 주셨습니다. 첫째는, 순종하여 생명에 이르는 길과, 혹은 불순종하여 죽음에 이르는 길로 갈 자유를 가졌으며, 둘째는 그 둘 가운데 하나를 택할 수 있는 능력을 주신 것이었습니다. 인간은 자신 속에 선을 행할 수도, 악을 행할 수도 있는 능력을 가지고 있습니다. 하나님이 그들을 지으실 때 그러한 능력을 주셨기 때문입니다. 이것을 자유의지라고 합니다.

오직 완전한 순종만이 영원한 생명을 확보하는 유일한 비결임에도 불구하고, 불행히도 첫 사람 아담은 사탄의 간계에 넘어가 하나님을 불순종하고 대적하는 멸망의 길을 택하였습니다. 죄는 이처럼 실제적으로 하나님의 법을 지키지 못하거나 순종하지 않는 것일 뿐만 아니라, 근본적으로 거룩하신 하나님을 반역하고 거슬리는 무서운 것입니다. 불순종의 길은 오직 죽음으로 인도할 뿐이었습니다.

2. 인간은 방종과 범죄

　인간의 자유라는 것은 한계가 있습니다. 자유에 제한이 있다면 혹자는 이의가 있을지 모르나 그것은 자유의 근본 원리를 모르는 사람일 것입니다. 인간이 자유를 생각할 때 그 자유의 근원이 무엇인가를 먼저 생각해야 하며, 어디까지가 참다운 자유의 한계인가를 생각해 보아야 합니다. 인간은 하나님의 형상대로 지음을 받고 또한 자유도 받았습니다.

　그러나 이 자유는 인격자 하나님과 같은 형상으로써의 만물을 다스릴 특권을 받은 것입니다. 절대로 하나님보다 더 높고 우월한 자유를 받은 것이 아닙니다. 유한자를 소유하시는 무한자 하나님이 계시는 것입니다. 사람이 누릴 수 있는 자유는 하나님의 뜻하신 범위 안에서의 자유인 것입니다. 그러므로 이 자유는 하나님의 명령과 그의 말씀에 전적으로 순종하는 것이 그 자유의 본질입니다. 그 본질을 떠나서 자유하려고 할 때 그것은 자유가 아니고 죄가 되는 것입니다. 아담의 예가 그것입니다. 하나님의 말씀을 거역하고 사탄의 말을 듣고 더 자유하려다가 죄의 노예가 되었던 것입니다.

　하나님으로부터 허락받은 그의 유한한 경계선을 지키는 것이 자유를 보장하는 유일한 길이었던 것입니다. 이렇게 자유를 마음껏 누릴 수 있는 권리를 스스로의 욕심과 결정으로 잃어버린 것입니다.

　그러면 하나님은 왜 인간에게 자유를 주셔서 죄를 범하게 하셨는가? 라는 질문을 들을 수가 있습니다. 그러나 죄를 범하라고 자유를 준 것이 아니라 인격자로 지음 받은 이상 인격자에게는 자유의지가 의례히 부여되는 것입니다. 하나님은 분명히 인간에게 죄를 원치 아니하시고 순종으로 더 큰 축복을 받기를 원하셨던 것입니다.

3. 죄에 대한 책임

혹자는 말하기를 인간이 범죄 한 책임이 죄 지을 가능성이 있게 사람을 창조하신 하나님께 있다고 합니다. 인간이 범죄 하였다고 해서 자유를 주신 하나님이 잘못입니까? 그럴 수는 없습니다. 오늘날 자유를 잃은 인간들이 얼마나 많습니까? 그들은 자유를 달라고 목숨까지 내걸고 부르짖고 있습니다. 그만큼 자유를 요구하는 인간이 자유를 주신 하나님을 원망하고 잘못이라 할 수 있습니까?

범죄 하지 않을 자유도, 범죄 할 자유도 있었던 아담이 자기의 선택에 대해서도 마땅히 책임을 져야 할 것입니다. 순종하여 축복 받는 길을 택하지 않고 죄를 택한 일에 대하여 아담이 그 책임을 져야하는 것입니다.

자유의 의지를 인간에게 주신 하나님은 인간의 의지를 시험해 볼 권리가 있습니다. 이것은 하나님의 주권에 속하는 동시에 은혜와 사랑의 줄에 더욱 굳게 매는 행동입니다. 하나님은 인간을 시험하시되 예고 없는 무모한 시험은 하시지 않았습니다. 분명히 하시고 "네가 **선악과를 먹는 날에는 정녕 죽으리라**"라고 경고하셨습니다. 이것은 은혜와 사랑입니다.

이 사실을 겸손히 받지 않는 자는 회개가 있을 수 없습니다. 죄의 책임을 스스로 지기 싫어하는 사람은 자신은 알지 못하고 비참한 인간성 상실자입니다. 우리는 행위계약에 있어서 실패한 인간으로서 자신의 무력함을 깨닫고, 그리스도 안에서 베풀어 주시는 하나님의 은혜와 사랑에 감사할 수 있는 존재가 되어야 합니다.

/ 말씀을 생각하며 /

오늘 배운 문답서의 요약

문 :

답 :

오늘 배운 말씀의 교훈

이번 주 나의 기도

나	
가정	
이웃	
교회	
기타	

성경은 어떤 책인가?

신구약성경은 약 40명의 저자에 의해 1600년에 가까운 기간에 걸쳐 기록된 책이다. 그럼에도 불구하고 같은 구원의 계시로 일관해 있는 것은 한 성령의 감동으로 기록되었기 때문이다(딤후 3:16).

신구약성경 66권(구약 39권, 신약 27권)은 1,189장(구약 929장, 신약 260장), 31,173절(구약 23,214절, 신약 7,959절)로 구성되어 있다.

구약성경은 약 30명의 저자에 의해 약 1천 년간에 기록되었다. 히브리어 원전은 24권으로서, 첫째는 율법 또는 "토라"라는 모세오경, 둘째는 선지서 또는 "느비임"인데, 이는 전선지서 4권(여호수아, 사사기, 사무엘, 열왕기)과 후선지서 4권(이사야, 예레미야, 에스겔, 소선지서)으로 구성되어 있다. 셋째는 성문서 또는 "케투빔"인데, 이것은 다시 시가 3권(시편, 잠언, 욥기)과 두루마리(Megilloth) 5권(아가, 룻기, 예레미야애가, 전도서, 에스더)가 역사서 3권(다니엘, 에스라. 느헤미야, 역대기)으로 구성되어 있다. 구약이 39권으로 구성된 것은 BC 200년경의 70인역(LXX) 이후였고, 현재는 일반적으로 모세오경(창세기-신명기), 역사서 12권(여호수아-에스더), 시가서 5권(욥기-아가), 선지서 17권(이사야-말라기)으로 분류하고 있다.

신약성경은 약 9명의 저자가 약 반세기에 걸쳐 기록한 것으로서, 내용은 복음서(4권), 사도행전, 서신서(21권) 및 예언서(계시록)로 되어 있다.

제 12 과
인간의 원죄

"그러므로 한 사람으로 말미암아 죄가 세상에 들어오고 죄로 말미암아
사망이 들어왔나니 이와 같이 모든 사람이 죄를 지었으므로
사망이 모든 사람에게 이르렀느니라" (롬 5:12)

찬송 / 538장

제16문 : 모든 인종은 아담의 첫 범죄 중에 타락하였습니까?
**답 : 아담으로 더불어 언약을 세운 것은 저만 위하여 하신 것이 아니요,
그 후 자손까지 위하여 하신 것이므로 그로부터 보통 생육법으로 출
생하는 모든 인종은 모두 그의 안에 있어서 그의 첫 범죄에 참여하
여 그와 함께 타락하였습니다.**
제17문 : 이 타락이 인종으로 하여금 어떤 지위에 이르게 하였습니까?
답 : 이 타락은 인종으로 하여금 죄와 비참한 처지에 이르게 하였습니다.

죄에 대해서 신학적으로 크게 두 가지로 나눕니다. 하나는 원죄(原罪)
이며, 다른 하나는 자범죄(自犯罪)입니다. 원죄란 인간은 죄악 된 상태
와 조건 안에서 태어난다는 것입니다. 영어로는 'original sin'이라고
합니다. 그리고 자범죄란 자신이 짓는 개별적인 죄의 행위를 말하며, 영
어로는 'actual sin'이라고 합니다.

1. 원죄의 의미

창세기 3:1-7은 아담이 뱀의 유혹을 당하여 하나님의 말씀을 거역하
는 장면입니다. 이 죄가 바로 모든 인류의 죄의 근원이 되는 원죄입니
다. '그까짓 열매하나 따먹었다고 모든 인간이 죽어야 하는가'라고 생
각할 수도 있지만, 이 죄는 인간이 자신이 참과 거짓에 대한 자기결정

권을 가지려는 것이었으며, 그것은 유일한 참된 왕이신 하나님과 같이 되려하는 반역죄였던 것입니다. 그러므로 이 죄는 심각한 죄이지 결코 사소한 죄가 아닙니다.

그 후로 보통 생육법으로 출생하는 사람은 모두 아담 안에서 범죄 했으며, 그의 첫 범죄 안에서 함께 타락한 자로 출생하게 되었습니다. 이 죄로 인하여서 인간은 태어날 때부터 이미 죄인으로 태어나며 부패하고 타락한 본성을 지니고 태어납니다. 이 죄를 가리켜 '원죄'라고 하는 것입니다. 모든 인간은 원죄를 가지고 태어나기 때문에 모두가 죄인입니다.

2. 원죄의 보편성

한 사람의 죄로 인하여서 많은 사람들이 모두 다 죄인이 된다는 것을 받아들이기 어려운 사건입니다. 그래서 어떤 이들은 '원죄란 최초의 죄일 뿐이고, 이후의 사람들은 각자가 그들 나름대로 아담과 같은 죄를 저지르기 때문에 벌을 받는 것'으로 생각했고, 또 '인간은 죄를 지을 수도 있고, 짓지 않을 수도 있는 존재'라는 생각도 합니다. 나아가서 '아담이 죄를 짓는 것을 보고 배워서 우리가 죄를 짓는 것이지, 좋은 모본을 보면 죄를 짓지 않을 수도 있다'고 주장하는 이들도 있습니다.

에베소서 2:3에서는 인류 모두를 '본질상 진노의 자녀'라고 말씀하고 있는 것입니다. 그렇기에 예수님의 말씀처럼 인류는 '거듭나지 아니하면' 안 되는 것이지, 좋은 본을 보면 고쳐지는 것이 아닙니다. 또한 나쁜 본을 본다고 해서 항상 타락에 이르는 것도 아닙니다. 이처럼 성경은 아담의 처음 죄로 인해 모든 인류가 타락했다고 가르쳐줍니다. 성경은 죄의 보편성을 아주 확고하게 말씀해 주고 있습니다(왕상 8:46, 시 143:2, 요 3:3, 엡 2:3).

3. 원죄의 전가

"이러므로 한 사람으로 말미암아 죄가 세상에 들어오고 죄로 말미암아 사망이 왔나니 이와 같이 모든 사람이 죄를 지었으므로 사망이 모든 사람에게 이르렀느니라."(롬 5:12-19)

원죄의 전가에 대해서는 여러 가지 설이 있으나 가장 건전한 것은 두 가지입니다. 하나는 '실재론'이며, 다른 하나는 '언약 대표론'이 있습니다. 이 둘은 상호 보완적입니다.

'실재론'이란 아담이 인류의 육체적인 조상으로서 처음 죄를 지을 때에 모든 인류가 아담 안에 총체적 인성의 부분들로서 존재하고 있었기에 모든 인류가 실재적으로 아담의 죄를 지었다는 것입니다. 위에서 본 로마서 5:12에서 '모든 사람이 죄를 지었으므로' 라고 할 때에 '죄'란 '자범죄'를 말하는 것이 아니라 '원죄'를 말하는 것입니다. 그러므로 아담이 죄를 범할 때에 모든 사람이 죄를 지었다고 이해되어야 합니다.

'언약 대표론'이란 아담은 인류의 육체적인 머리인 동시에 언약의 대표자이기에 아담의 행위는 언약의 대상자들인 인류 전체에게 직접 전가된다는 것입니다. 그런데 인류의 언약의 대표인 아담이 죄를 범하였음으로 언약에 속한 인류에게 아담이 지은 죄가 직접 전가되는 것입니다.

아담 안에서 범죄하여 아담과 함께 타락된 인류는, 그리스도의 순종을 통해 그리스도와 함께 의로 여겨지게 됩니다. 아담 안에서는 자기 행위의 잘못으로 인해 벌을 받지만, 예수 안에서는 하나님의 은혜로 의롭다 하심을 받게 되는 것입니다.

/ 말씀을 생각하며 /

오늘 배운 문답서의 요약

문 :

답 :

오늘 배운 말씀의 교훈

이번 주 나의 기도

나
가정
이웃
교회
기타

제 13 과
인간의 본성

"한 사람의 순종하지 아니함으로 많은 사람이 죄인 된 것 같이
한 사람이 순종하심으로 많은 사람이 의인이 되리라" (롬 5:19)

"마음에서 나오는 것은 악한 생각과 살인과 간음과
음란과 도적질과 거짓 증언과 비방이니"(마 15:19)

찬송 / 272장

제18문 : 사람이 타락된 지위에서 죄 되는 것이 무엇입니까?
**답 : 사람이 타락된 지위에서 죄 되는 것은 아담의 첫 범죄에 유죄한 것
과 근본 의가 없는 것과 온 성품이 부패한 것인데 이것은 보통 원죄
라고 하는 것이요, 아울러 원죄로 말미암아 나오는 모든 죄입니다.**

사람은 죄를 짓고 죄인이 되었습니다. 죄인이라고 함은 죄책(罪責)과
부패(腐敗)를 가졌다는 뜻입니다. 죄를 범한 인간은 사망이라는 죄 값
을 벌로 받아 비참하게 되었으며, 또한 죄의 오염으로 인한 죄의 중독
이 마약 중독처럼 계속적으로 죄를 짓도록 만들어서 더욱 비참함 가운
데로 빠지게 되었습니다. 원죄로 말미암아 죄인으로 태어나는 인류는
자범죄를 더하여 더 깊은 죄의 오염과 더 큰 죄에 대한 형벌로 이로 인
하여 더욱 비참한 지경 속에서 언제 임할지 모르는 하나님의 심판을 기
다리고 있는 것입니다.

1. 죄에 대한 책임을 지는 존재

인간은 자신이 범한 죄에 대하여 책임이 있는데, 이것을 죄책이라고
합니다. 즉, 이것은 죄가 있는 죄인이라는 신분적인 법정적 선언입니다.

이 죄책은 고유적 가책상(固有的 呵責狀)과 벌치적 죄상(罰値的 罪狀)으로 설명할 수 있습니다.

고유적 가책상이란 잘못했다고 할 만한 것, 잘못에 대한 책임을 느낄 만한 것, 죄를 안 지은 사람은 책임을 느끼지 않지만 죄를 지은 사람은 '아, 이거 잘못 했구나' 하고 책임을 느끼는 것을 말합니다. 즉, 죄를 지었기 때문에 그것을 마음으로 생각해 볼 때 가책을 느끼게 되는 것입니다. 그런데 고유적 가책상이란 누가 대신 짊어져서 면죄시킬 수도 없는 것입니다. 이것은 우리가 영원한 나라에 가서라도 죄를 지었다고 하는 역사가 그대로 남는 것입니다.

벌치적 죄상이란 죄를 지었으므로 마땅히 하나님께서 정하신 형벌을 받아야 한다는 말입니다. 그런데 이것은 죄 값을 다 치루면 면해지는 것입니다. 그래서 예수 그리스도께서 우리를 대신해서 죄인이 되어 죽으심으로 죄의 값을 치룬 것입니다. 그렇기에 내가 다시 이중으로 형벌을 받을 필요가 없습니다. 이와 같이 예수님께서 죄책을 면죄해 주셨다고 할 때에는 이 '벌치적 죄상'을 예수님께서 대신 받아서 나를 면죄해 주셨다는 의미입니다.

2. 전적 부패와 전적 무능력한 존재

하나님께서는 아담을 선하고 의로운 존재로 창조하셨습니다. 그런데 인간은 죄를 지음으로 말미암아 성품이 부패된 상태입니다. 사람의 지식이나 정서나 의지가 모두 하나님의 지으신 그 건전한 상태에서 떨어져서 악하게 변질되어 전적인 부패(Total depravity)에 이르렀습니다. 그러나 이것은 인간이 완전히 타락하여 사탄이 되었다는 의미는 아닙니다. 인간은 여전히 하나님의 형상으로서 존재하는 것입니다. 하지만 하나님께서 인정하실 만한 선한 상태에서 멀어져 있다는 말입니다.

나아가서 온 성품이 부패했다는 것은 전적 무능력(Total inability)을 의미합니다. 이는 하나님께서 기뻐하시는 바를 능히 행할 능력이 없게 됐다는 것입니다. 그러나 이것 역시도 자연인이 아무 것도 못한다는 의미가 아닙니다. 오히려 자연인이라도 자연적인 선이나 시민법적인 선 등의 상대적인 선을 행할 수 있는 능력은 인정합니다. 다만 하나님께서 기뻐하시는 바를 능히 행할 능력이 없게 됐다는 것입니다(롬 8:7).

3. 스스로 지은 죄

우리 스스로 지은 죄를 자범죄라고 합니다. 일반적으로 세상에서 사람들이 짓는 죄들을 의미합니다. 이것은 사람들이 자기가 이 세상에 태어난 후에 세상에서 배워서 하는 것들입니다.

야고보서 1:14-15에, "오직 각 사람이 시험을 받는 것은 자기 욕심에 끌려 미혹됨이니 욕심이 잉태한즉 죄를 낳고 죄가 장성한즉 사망을 낳느니라"고 했습니다. 결국 욕심에 이끌려서 욕심이 차차 커져서 죄가 됩니다. 사람들은 보통 원죄에 비해서 자범죄는 대개 인정합니다. 그러나 그것도 자꾸 합리화 하려고 하고, 환경의 탓으로 돌려서 죄책을 면해 보려고 애를 씁니다. 물론 환경이 나빠서 죄를 지을 수도 있습니다. 그러나 인간은 가장 좋은 환경 속에서도 죄를 지었다는 사실을 기억해야 합니다.

또한 죄에 대해서 인정한다고 할지라도 사람들은 다른 사람의 권리를 침해한 것에 대해서는 인정하지만, 즉 인간들끼리 서로 손해를 끼친 것에 대해서는 인정을 하지만 하나님께 죄를 졌다는 것은 훨씬 더 인정하기 어려워합니다. 그러나 죄를 짓는 것은 인간들끼리의 문제가 아니라 하나님 앞에서 죄를 짓는 것입니다. 그것이 죄에 대한 바른 인식입니다.

/ 말씀을 생각하며 /

오늘 배운 문답서의 요약

문 :

답 :

오늘 배운 말씀의 교훈

이번 주 나의 기도

나
가정
이웃
교회
기타

제 14 과
죄의 결과

"전에는 우리도 다 그 가운데서 우리 육체의 욕심을
따라 지내며 육체와 마음의 원하는 것을 하여
다른 이들과 같이 본질상 진노의 자녀이었더니"(엡 2:3)

찬송 / 277장

제19문 : 사람이 타락한 지위에서 비참한 것이 무엇입니까?
**답 : 모든 인종이 타락함을 인하여 하나님과 교제가 끊어지고 또 그의
진노와 저주 아래 있어서 생전에 모든 비참함과 사망과 영원한 지옥
의 벌을 받게 되었습니다.**

예수를 믿으면 '복을 받는다, 병이 낫는다, 성공 한다'는 이야기는 아
주 많이 하지만 인간이 얼마나 큰 죄를 저질렀으며, 죄인이라는 것에
대하여서는 제대로 가르치지 않고 있습니다. 그래서 교회에 오래 다니
는 사람들에게서 조차 '나는 예수를 믿었는데 왜 복을 받지 못하고, 건
강하지 못하고, 성공하지 못하나' 라는 말을 자주 듣습니다. 그럼 죄의
결과는 어떤 것인지 살펴봅시다.

1. 영적인 죽음 - 하나님과 교제가 끊어짐

인간은 어느 누구도 육체의 고통이나 아픔, 괴로움과 슬픔을 온전히
피할 자는 없습니다. 또한 모든 사람은 죽음의 지배 아래 있습니다. 예
수 그리스도를 통해 구원받지 못하면 이런 영원한 지옥에 들어가는 운
명에 처해 있는 것이 바로 인간입니다.
하나님께서 **"먹으면 죽으리라"**고 하신 말씀에서 '죽음'이란 바로 하

나님과의 단절을 의미합니다. 하나님을 알지 못하는 사람은 육체적인 죽음만을 보게 되기에 영적인 죽음, 곧 하나님과의 관계의 단절이 주는 심각성을 알거나 이해하지 못합니다.

하나님과의 교제의 단절이 실재적인 죽음인 것입니다. 죄를 지은 그 날로 인간이 육체적으로 죽지 않았다고 하더라도 이미 형벌의 집행은 시작된 것입니다. 다만 형벌의 완전한 집행 즉, 육체적인 죽음과 영원한 지옥 형벌은 하나님의 은혜로 잠시 유보되고 있는 것일 뿐입니다.

2. 육체적인 죽음

하나님의 진노와 저주 아래 있는 인간의 비참함의 두 번째 모습은 바로 육체적인 죽음입니다. 역사적으로 많은 사람들이 육체적인 죽음을 긍정하려고 애를 썼습니다. 이들은 '첫 사람 아담은 죽을 수밖에 없는 존재로 창조되었으므로, 아담이 범죄 했든 하지 않았든 상관없이, 아담이 죽은 것은 죄의 삯이 아니라 자연의 필연성 때문'이라고 말합니다. 그러나 성경은 "죄의 삯은 사망"이며, "흙이니 흙으로 돌아갈 것"이라고 분명히 말합니다.

물론 죄를 지은 이후의 인간에게는 육체적인 죽음에의 두려움이 도덕적, 영적인 측면에서 긍정적인 작용을 하는 것은 분명합니다. 그러나 그것은 죽음의 공포와 죽음 이후의 세계에 대한 두려움의 작용이기 때문에 죽음 자체는 여전히 긍정될 수 없습니다.

사실 죽음은 필연적이지 않습니다. 성경에는 죽음을 보지 않고 이 세상을 떠난 사람에 대해 기록하고 있습니다. 대표적인 사람이 에녹입니다. 죽음은 자연히 오는 것이 아니라, 하나님의 말씀을 어긴 징벌로 말미암아 오는 비참함입니다. 그런데 모두가 죄인이기 때문에 죽음의 형벌이 보편적으로 적용되고 있는 것입니다. 그래서 모두가 죽음을 두려워하는 것입니다.

3. 영원한 지옥 형벌

그런데 자연인들은 죽음을 잘 모르며 죽음 이후에 무엇이 있는지 모른다고 말하지만 사실은 죽음 이후에 심판이 있고, 영원히 형벌을 당하는 지옥이 있음을 알기에 죽음을 무서워하는 것입니다.

어떤 사람들은 지옥이 없다는 주장을 하기도 합니다. 하나님은 사랑의 하나님이시기 때문에 지옥을 만드셨을 리가 없으며, 비록 성경이 지옥의 영원한 형벌에 대해서 이야기하고는 있지만, 그저 제대로 살라고 겁을 주시는 것뿐이라는 주장입니다. 이것은 성경을 믿지 않는 자들의 태도입니다. 예수님께서는 여러 번에 걸쳐서 지옥과 지옥 형벌에 대해서 경고하셨습니다(마태 18:8-9).

죄를 지었으면 죄의 값을 치러야 합니다. 그것이 공의로운 것입니다. 그런데 죄의 값은 사망이며, 사망은 소멸이 아니라 영원한 형벌입니다. 그러므로 죄인은 지옥의 영원한 형벌을 받는 것이 마땅한 것입니다.

그런데 여기서 제외된 자들이 있습니다. 바로 그리스도인들입니다. 예수 그리스도로 말미암아 자신의 죄 값이 치러진 자들입니다. 이들에게는 이 세상의 비참함이 더 이상 비참함이 아니게 되며, 육체적인 죽음도 더 이상 공포가 아닙니다. 또한 죽음 이후에는 영원한 지옥 형벌이 아니라 영원히 하나님과 함께 거하게 될 소망을 갖게 됩니다. 그 무엇보다도 이제 이들은 하나님과 교제할 수 있는 자리로 부름을 받은 것입니다. 그것이 우리의 영혼을 숨 쉬게 하며 행복하게 합니다. 모든 비참함이 행복으로 바뀌는 것입니다.

/ 말씀을 생각하며 /

오늘 배운 문답서의 요약

문 :

답 :

오늘 배운 말씀의 교훈

이번 주 나의 기도

나
가정
이웃
교회
기타

제 15 과
은혜와 무조건적 선택

"주께서 사랑하시는 형제들아 우리가 항상 너희에 관하여 마땅히
하나님께 감사할 것은 하나님이 처음부터 너희를 택하사 성령의 거룩하
게 하심과 진리를 믿음으로 구원을 받게 하심이니"(살후 2:13)

찬송 / 290장

제20문 : 하나님께서 모든 인종을 죄와 비참한 지경에서 멸망하게 버
려 두셨습니까?
답 : 하나님께서 홀로 그 선하신 뜻대로 영원부터 구속받을 자들을 영
생 얻게 하시려고 선택하시고 은혜의 언약을 세우셔서 구속자로 말
미암아 저희를 죄와 비참한 지위에서 건져내시고 구원의 자리에 이
르게 하려 하셨습니다.

신·구약 성경의 중심 교훈은 바로 은혜언약입니다. 이 언약은 일명 영
원한 언약이라고도 부릅니다(창 17:7, 히 13:20). 은혜언약은 성부 하
나님과 선택받은 죄인들 사이에 맺은 협정입니다. 곧 언약의 형식으로
주어진 구원의 계획입니다. 하나님은 그리스도께 대한 신앙을 통하여
택한 자들을 구원하시고 죄인들은 그 약속을 믿음으로 받아들이며 새
로운 순종심을 가지고 하나님께 헌신하게 됩니다. 신약은 새 언약, 구
약은 옛 언약을 뜻하는데 모두 한결 같이 예수 그리스도를 통한 구원(복
음)만을 증거하고 있습니다.

1. 하나님의 은혜

하나님은 공의로우시기 때문에 죄에 대하여 분노하십니다. 그럼에도
불구하고 은혜로우심과 오래 참으심으로 심판을 유보하여 죄인에게 회

개의 기회를 주고 계십니다.

이처럼 죄를 지은 인류는 하나님의 심판의 날을 기다리는 사형수와 같이 비참한 지위에 있습니다. 더욱이 왕이신 하나님에 대해서 반역을 행하면서도 자신의 죄에 대하여 뉘우치기는커녕 그것이 뭐가 대단한 죄가 되느냐고 계속 항변하고 있습니다. 어떻게 하든지 부정하고 싶을 정도로 비참한 현실이 죄인들에게 주어질 것입니다. 인류는 그대로 놔두면 영원한 형벌 속에서 신음할 것입니다. 그래서 예수 그리스도께서 우리를 대신하여 죄의 형벌을 받으신 것입니다. 당신이 인격적으로 사랑하는 존재들이 지옥형벌 가운데서 영원한 고통을 당하는 것을 그냥 두실 수 없으셨기에 이들의 죄 값을 대신 치루셨습니다. 죄의 삯은 사망이기에 자신의 목숨을 인간들의 목숨 대신 내 놓으신 것입니다.

예수 그리스도께서 세상의 모든 죄 값을 대신 받으셨다는 사실을 믿으면 그 공로를 입게 되는 것입니다. 이것이 바로 복음입니다(요 3:16, 행 16:31, 롬 10:9).

2. 무조건적인 선택

구원은 하나님께서 구원하기로 택하신, 예정하신 인생 안에서 이루시고자 간섭하신 결과로 '믿음'이 형성된 자 안에서 이루어지는 역사입니다. 내가 '믿어서' 구원되는 것이 아님을 확인할 수 있습니다(엡 1:4, 딤후 1:9).

하나님께서는 구원할 자를 이미 창세 전에 택하셨습니다. 우리가 태어나기 전에 정도가 아니라 인류와 이 세상이 있기 전에 작정된 구원입니다. 거기에는 우리의 행위나 조건이 있을 수 없습니다. 이것을 '무조건적인 선택'이라고 합니다.

그리고 조건 없이 구원하셨다면, 우리가 아무 노력을 하지 않아도 자동으로 구원될 것이 아닌가라는 생각을 할 수도 있습니다. 그러나 인간

구원의 목적은 인간이 세상에 있는 동안 세상에 하나님의 왕 되심을 드러내는 일을 하도록 하기 위함입니다. 그러므로 우리는 그리스도인으로서의 삶을 살아야 하는 것입니다. 이것은 구원을 얻기 위한 수단이 아니라, 그리스도인의 삶의 모습입니다.

3. 오직 믿음으로

내가 누구를 믿는다고 할 때, 그 믿음은 나에게서 나온 것이 아니라 상대방이 나에 대한 행위에 의하여 형성되는 것입니다. 만일 상대방이 나에게 대하여 믿지 못할 행위를 한다면 나는 그를 못 믿을 것이요, 나에 대하여 믿을만한 행위를 한다면 나는 그를 믿을 것입니다.

즉, '믿음'이라는 말은 어떤 대상에 대한 반응입니다. 상대방의 행위에 대해서 내가 '믿는다' 또는 '믿지 않는다'라는 평가를 하게 되고, 그에 대한 반응이 바로 믿음입니다. 그러므로 상대방이 믿을만한 행위를 지속하여야 '믿음'이 생기고, 그렇게 형성된 '믿음'에 따라서 내가 그에게 반응을 하게 되는 것입니다.

그렇다면 나에게 형성된 '믿음'은 과연 누가 만들어 준 것입니까? 내가 만든 것입니까? 상대방이 만들어 준 것입니까? 상대방이 만들어 주는 것입니다. 만일 상대방이 믿음을 주지도 않았는데 믿는 것을 '맹신, 광신, 자기 최면'이라고 하는 것입니다.

"주 예수를 믿으라 그리하면 너와 네 집이 구원을 받으리라"(행 16:31)는 말씀은 곧 우리가 그리스도의 행위에 대하여 믿을만한 것으로 평가하고, 그를 믿음으로 구원을 얻게 된다는 말씀입니다. 그러므로 구원은 '믿게 하심을 믿음으로' 이루어지는 사실입니다.

/ 말씀을 생각하며 /

오늘 배운 문답서의 요약

문 :

답 :

오늘 배운 말씀의 교훈

이번 주 나의 기도

나	
가정	
이웃	
교회	
기타	

제 16 과
구속자 예수

"하나님은 한 분이시요 또 하나님과 사람 사이에 중보자도
한 분이시니 곧 사람이신 그리스도 예수라"(딤전 2:5)

찬송 / 521장

제21문 : 하나님이 선택하신 자들의 구속자가 누구입니까?
답 : 하나님의 선택하신 자들의 구속자는 다만 주 예수 그리스도뿐인데
그는 하나님의 영원한 아들로서 사람이 되셨으니 그 후로 한 위(位)
에 두 가지 특수한 성품(性品)이 있어 영원토록 하나님이시오 사람
이십니다.

하나님께서 누구는 구원하시고 누구는 버려두시는 것은 참으로 공의
로우시며, 또한 긍휼하신 하나님의 뜻 안에서 이루어진 일이기에 우리
가 다 이해하거나 납득하기 어렵더라도 인정해야 합니다. 그리고 죽어
마땅한 자를 구원하셨음에 대하여 온전히 기쁨으로 찬송을 해야 할 것
입니다. 그럼에도 불구하고 하나님의 구원에 대한 잘못된 생각들이 존
재하고 있습니다.

1. 구원의 길은 여러 갈래인가?

세상의 일반적인 사람들의 보편적인 생각은, 종교는 '다 착하게 살자
는 것'이며, 그렇기에 다 같은 것을 말하고 있다고 합니다. 그러면서 그
들은 '구원이란 산 정상에 오르는 것과 같다. 그런데 산에 오르는 방향
은 여러 개가 있다. 그 중에 어느 등산 코스를 타고 올라가도 정상에 가
서는 만나게 되는 것이다'라고 말합니다. 또한 기독교처럼 자신만이 옳

다고 생각하는 사람들의 생각을 깨뜨리기 위해서는 '장님들이 코끼리를 만지면서 서로가 다른 설명을 하고 있으면서 서로가 자신들이 옳다고 우기고 있다'는 식의 비유를 하기도 합니다.

성경은 예수 그리스도만이 유일한 구원자임을 직접적으로, 혹은 암시적으로 말씀해 주고 있습니다. 다른 구원의 길이 있을 만한 그 어떤 가능성도 열어두지 않습니다. 그렇기에 성경 말씀을 하나님의 말씀으로 받는 사람은 도저히 다른 이야기를 할 수 없습니다(요 3:16, 요 14:6, 행 4:12, 요일 5:11).

2. 구원자의 자격

다른 사람의 죄 값을 대신해서 죽으면 누구나 구원자가 됩니까? 그렇지 않습니다. 성경은 **"의인을 위하여 죽는 자가 쉽지 않고 선인을 위하여 용감히 죽는 자가 혹 있거니와"**(롬 5:7)라고 말씀하지만 그렇다고 해서 그가 다른 사람을 죄에서 구원할 수 있는 것은 아닙니다. 왜냐하면 죄의 값은 사망인데 어느 누구도 죄가 없는 사람이 없기에 모두가 자기의 죄 값으로 죽음에 이르는 것입니다.

구원자가 되기 위한 첫 번째 조건은 죄가 없는 사람이어야 한다는 것입니다. 죄가 있으면 도무지 구원자가 될 수 없고, 구원의 대상자일 뿐입니다. 또한 사람의 죽음이어야지 다른 존재, 예를 들면 동물이나 천사와 같은 존재의 죽음이어서는 안 되는 것입니다. 이와 같은 조건을 만족시키면 한 사람을 죄에서 구원할 수는 있을 것입니다. 그렇지만 이것만 가지고는 전 인류의 죄를 담당할 수 없습니다. 죄가 없는 사람에게 한 사람의 죄 값을 치르면 그는 이미 죽기 때문에 더는 죄 값을 치를 수가 없는 것입니다. 그렇기에 구원자의 두 번째 조건은 그 모든 죄 값을 견딜 수 있어야 한다는 것입니다. 이런 구원자의 조건을 보통 사람이 만족시킨다는 것은 불가능합니다. 그렇기에 오직 예수 그리스도께서만이 참된 구원자가 되실 수 있는 것입니다.

3. '예수' – 우리의 구원자

'예수'라는 말은 사람으로 오신 하나님 아들의 사람 이름이지만, 이것
역시 상징적인 뜻을 가지고 있다고 할 수 있습니다. 이 말 뜻이 '구원자'
이니 곧 예수 그 분이 구원자라는 뜻입니다. 성경은 '이름을 예수라 하
라. 왜냐하면 그는 자기 백성을 그들의 죄에서 구원할 자이기 때문이다'
라고 설명하고 있습니다. 하나님이 사람 되어 오신 분을 예수라고 부르
는 데 그 분이 바로 자기 백성들을 구원해 내시는 구원자라는 말입니다.
'그리스도'라는 말은 '기름부음을 받은 자'라는 뜻입니다. 구약에서
제사장, 왕, 선지자를 세울 때 기름을 부어서 세웠습니다. 하나님이 성
령을 주셔서 자격을 인정하시고 능력을 부어서 세우신다는 뜻으로 기
름을 부었는데 후에 이스라엘 역사에서 이 말은 이스라엘을 다스릴 구
세주 왕을 가리키는 말로 인식 되었습니다.
예수님은 주와 그리스도이십니다. 종교 다원주의는 모든 종교들이 나
름대로 가치가 있고, 그 속에도 나름대로의 구원이 있음을 인정하자는
것입니다. 하나님은 예수를 믿지 않더라도 신을 찾고 선을 구하는 모든
사람을 구원하시는 분이라는 생각입니다. 어떤 사람들은 불교나 유교
속에도 구원 받을 그리스도인이 있다고 합니다. 하지만 성경은 "**다른
이로써는 구원을 받을 수 없나니 천하 사람 중에 구원을 받을 만한 다
른 이름을 우리에게 주신 일이 없음이라**"(행 4:12)라고 하였습니다. 또
"**하나님은 한 분이시요 또 하나님과 사람 사이에 중보자도 한 분이시니
곧 사람이신 그리스도 예수라**"(딤전 2:5)라고 합니다. 그러므로 여기서
뿐이라는 이 말은 결코 양보할 수 없는 말입니다.

/ 말씀을 생각하며 /

오늘 배운 문답서의 요약

문 :   답 :

오늘 배운 말씀의 교훈

이번 주 나의 기도

나
가정
이웃
교회
기타

제 17 과
성육신(成肉身)

"말씀이 육신이 되어 우리 가운데 거하시매" (요 1:14)
"보라 네가 잉태하여 아들을 낳으리니 그 이름을 예수라 하라" (눅 1:31)

찬송 / 93장

제 22 문 : 하나님의 아들이신 그리스도께서 어떻게 사람이 되셨습니까?
답 : 하나님의 아들 그리스도께서 사람이 되는 것은 참 몸과, 지각 있는
영혼을 취하사 성령의 권능으로 동정녀 마리아에게서 잉태되어 탄
생하셨으나 죄는 없으십니다.

성육신은 다른 말로 도성인신 또는 동정녀 탄생이라고도 합니다. 즉, 말씀이신 성자 하나님께서 인간의 몸을 입고 이 세상이 오신 사건을 말합니다. 그러면 하나님은 왜 사람이 되셔야만 했을까요? 그 이유는 인류의 죄 값인 사망의 고통을 대신 받으시기 위함이었습니다. 즉, 자기 목숨을 많은 사람의 대속물로 주시려고 이 땅에 오신 것입니다. 죄의 권세를 이기고 우리와 연합하여 우리로 의롭다함을 얻게 하신 그리스도가 우리와 같은 성정을 지닌 육신을 입으시고, 죄 된 우리와 연합하신 것은 우리를 구하기 위한 은혜의 신비요 섭리의 신비입니다.

1. 말씀이 육신이 되신 주

사도 요한은 "말씀이 육신이 되어 우리 가운데 거하시매 우리가 그 영광을 보니 아버지의 독생자의 영광이요 은혜와 진리가 충만하더라"(요 1:14)라고 했습니다. 예수님은 완전한 하나님이시면서 또한 완전한 사람인데 전에만 그런 것이 아니라, 지금도 그렇고 영원히 하나님이시면서 사람으로 계시는 분이십니다.

성육신은 그리스도께서 하나님의 목적을 성취하시기 위해 취하신 첫 번째 단계입니다. 하나님이 성육신되셨다고 말할 때 이것은 하나님이 사람이 되셨음을 의미합니다. 이것은 엄청난 사건이요, 인류 역사상 가장 큰 역사입니다. 영원 안에 계셨던 전능하신 하나님이 시간 안에서 천한 사람이 되셨습니다. 그리스도께서 이렇게 하신 이유는 단지 우리의 구주가 되시기 위해서 뿐만 아니라 더욱 더 하나님을 사람 안으로, 즉 신성을 인성 안으로 이끌어 오기 위해서였습니다.

2. 예수 그리스도의 인성

먼저 첫 번째 조건인 죄가 없으신 완전한 사람이어야 한다는 것을 만족시키기 위해서 이 땅에 육신의 몸을 입고 오셨습니다. 예수께서는 성신의 능력으로 잉태되셨지만 그러나 이 일이 그저 초자연적인 일로만 된 것이 아니라 동정녀 마리아의 살과 피로부터 인간성을 온전히 부여받으셔서 온전한 인간이 되셨다는 것입니다. 예수님께서는 마리아의 배속에서 태아로서 자라나신 것이며, 다른 아이들이 태어나는 방식으로 태어나셨고, 또한 지혜와 키도 자라나는(눅 2:52) 등의 성장과정을 가지신 인간이셨습니다. 그 뿐 아니라 예수께서는 우리와 동일한 성정을 가지셔서 기뻐하시고 탄식도 하셨고, 인간들이 당하는 세상의 고통을 보시고서 여러 번 우시기도 하셨고, 마음의 고통을 호소하기도 하셨습니다(마 26:38). 이와 같이 온전한 인간이 되신 이유는 인간이 되셔야만 인간의 죄를 대신 담당하실 수 있기 때문입니다.

그러나 온전한 인간으로 오신다는 것만 가지고서는 안 됩니다. 죄가 없는 인간으로 오셔야만 하는 것입니다. 아담에게 속하여 있는 보통 생육법을 통하여서 난 자들에게는 원죄가 전가되기 때문에 일반적인 생육법을 따르지 않으시고 동정녀에게서 탄생하신 것입니다. 즉, 사람은 사람인데 아담을 조상으로 두지 않은 새로운 인간, 죄 없는 인간이 나신 것입니다(히 4:15).

3. 예수 그리스도의 신성

예수 그리스도께서 온전히 인간이시기만 해서는 모든 인류의 죄로 인한 그 큰 진노와 저주의 부담을 감당할 수 없기 때문에 구원자가 되실 수 없습니다. 그래서 삼위 하나님의 성자 하나님께서 인간의 육신을 입으시는 성육신이 필요한 것입니다. 그렇게 하여서 그의 신성의 능력이 그의 인간성 가운데서 이 진노와 저주의 죽음을 다 견디어 감당할 수 있도록 하신 것입니다.

예수 그리스도께서 이 세상의 모든 죄를 다 담당하셨다는 사실을 증명하는 것이 그의 부활하심입니다. 구약에서 대제사장이 지성소에 제물을 가지고 들어갔다가 나오면 크게 기뻐하였습니다. 이는 대제사장 한사람의 생사에 대해서만 기뻐한 것이 아니라 자신들이 드린 제물에 대하여 하나님께서 충족히 받으셨다는 것을 의미하기 때문입니다. 만일 여기서 대제사장을 하나님께서 치시면, 이것은 그들이 드린 제물이 그 백성들 모두의 죄가 사해질 만큼 충족하지 못하였다는 표이기 때문에 대제사장이 살아나오는 것이 중요한 것입니다.

예수 그리스도께서는 대제사장이시자 제물이셨습니다(히 10:11). 예수 그리스도께서 부활하여 살아 나오신 것은 예수 그리스도가 속죄 제물로서 죄의 값을 다 치루시고도 충분하심을 뜻하는 것입니다.

이와 같이 예수 그리스도께서는 인성과 신성을 함께 가지고 계셨습니다. 이 세상의 모든 죄를 사하시기 위해서는 이와 같은 존재가 필요했던 것입니다. 그래서 하나님께서는 당신의 깊으신 경륜 가운데서 이 일을 예정하시고 섭리하시면서 역사 안에 이와 같은 구원자를 보내신 것입니다.

/ 말씀을 생각하며 /

오늘 배운 문답서의 요약

문 :

답 :

오늘 배운 말씀의 교훈

이번 주 나의 기도

나
가정
이웃
교회
기타

제 18 과
그리스도에 대하여

"모세가 말하되 주 하나님이 너희를 위하여 너희 형제 가운데서
나 같은 선지자 하나를 세울 것이니 너희가 무엇이든지
그의 모든 말을 들을 것이라"(행 3:22)

찬송 / 353장

제23문 : 그리스도께서 우리의 구속자로서 무슨 직분을 행하십니까?
답 : 그리스도께서 우리의 구속자로서 선지자와 제사장과 왕의 직분을
행하시되 낮아지시고 높임을 받으신 자리에서 하십니다.

우리의 구원자이신 예수 그리스도께서는 온전한 신이시며, 또한 온
전한 인간이십니다. 반신반인의 이상한 존재이거나 한 존재에 두 인격
이 있는 다중인격이 아니라 한 인격(person, 위격) 안에 신성과 인성의
양성을 다 가지고 계시는 분입니다. 그리고 예수 그리스도께서 행하신
사역은 첫째는 선지자와 제사장과 왕의 직분을 행하신다는 것과, 둘째
는 낮아지고 높아지신 두 지위에서 하신다는 것입니다. 여기에서는 예
수 그리스도의 일반적인 면에 대하여 살펴보겠습니다.

1. '그리스도'라는 호칭에 대하여

예수 그리스도께서 '선지자와 제사장과 왕'의 직분을 수행하신다는
것을 알기 위해서는 '그리스도'라는 칭호에 대해서 알아야 합니다. 그
리스도라는 칭호가 어떤 의미를 가지고 있는지 앎으로써 '선지자와 제
사장과 왕'의 직분을 행하는 것이 무엇인가를 알 수 있기 때문입니다.
'그리스도'라는 말은 직함을 나타내는 용어입니다. '그리스도'라는

말은 히브리말로는 '메시야'라고 합니다. 그 뜻은 '기름 부음 받은 자'입니다. 구약에서는 하나님께서 어떤 사람을 세워서 일을 맡기실 때에는 기름을 부어서 세우시는 것입니다. 이처럼 기름 부음을 받음으로서 직분자로 세워지는데, 그것은 거룩하게 구별되었다는 의미입니다. 세상에 속하지 않고 하나님께 속해 있다는 것을 아주 분명하게 표시하는 것입니다.

사람이 기름이라는 물질을 붓는 형식을 통하여서 하나님의 영이 그 사람을 변화시켜서 하나님의 뜻에 맞는 쓸 만한 그릇으로 만드시는 것입니다. 그러므로 제사장과 왕과 선지자들은 하나님의 경륜하심 속에서 이스라엘을 위하여 봉사하는 일에 쓰임을 받기 위해서 기름 부음을 받은 것입니다. 하나님의 약속대로 아브라함의 자손들이 가나안 땅에서 하나님의 통치하에서 살아갈 수 있도록 이들 '메시야'들이 나라를 세우고, 바로 잡고, 보호하고, 유지해 나가게 하신 것입니다.

2. 유일한 메시야 예수 그리스도

하나님께서는 이들을 통하여서 진정한 메시야가 어떤 일을 행하실지를 볼 수 있게 하셨으며, 동시에 앞으로 진정한 메시야를 보내주실 것을 언약해 주신 것입니다.

예수 그리스도께서는 하나님께서 약속하신 바로 '그 메시야'이신 것입니다. 그렇기에 예수 그리스도께서는 독특한 메시야십니다. 구약의 세 가지 메시야 직분을 한 몸에 가지신 분입니다. 제사장과 왕과 선지자들이 각각 그 직분의 일을 수행함으로써 하나님 나라의 경륜에 봉사하였듯이 예수 그리스도께서도 각 직분의 일을 수행하심으로써 하나님 나라에 봉사하시는 것입니다.

신약의 성도들은 거꾸로 이런 구약의 메시야들의 사역을 살펴봄으로써 예수 그리스도의 '메시야'되심에 대해서 깊이 있게 이해할 수 있는 것입니다. 그러므로 구약을 모르고서는 신약을, 예수 그리스도께서 어떠한 분이신지, 그분께서 행하신 일들이 어떤 의미를 가지는지 알 수 없는 것입니다.

3. 아담과 예수 그리스도, 그리고 우리들

예수 그리스도께서 '메시야' 되심의 원형이고, 구약의 메사야들은 독특하고 무한하신 예수 그리스도의 모형이며, 그림자임을 확인했습니다. 그런데 다른 메시야들과는 또 다른 독특한 사람이 하나있습니다. 바로 아담입니다.

마지막 아담이란 예수 그리스도를 지칭하는 표현입니다. 예수 그리스도께서 첫째 아담과 같은 사람으로서 둘째 아담이 되신 것입니다. 그렇기에 아담은 예수 그리스도의 신적인 측면을 제외하고는 동일한 존재였습니다. 그러므로 아담도 예수 그리스도처럼 한 몸에 세 가지 직분을 가진 독특한 메시야임을 알 수 있는 것입니다. 아담도 하나님 앞에 나아가서 교제하는 제사장으로서의 역할을 감당하고, 하나님의 말씀을 가르치는 선지자로서의 사역을 감당하고, 또한 왕으로서 세상을 다스리는 메시야적인 존재였습니다.

아담은 모든 인류의 조상이며, 아담에게 주어진 사명은 결국 우리 모두의 사명이었습니다. 그런 그가 타락함으로 인해서 사명을 감당하지 못하게 되었고, 그것을 예수 그리스도께서 오셔서 회복시키셨습니다. 이제 그리스도를 믿는 자들은 아담에게 주어졌던 사명, 세 직분을 감당하던 메시야적인 사명을 다시 감당하도록 회복된 것입니다.

그리스도인들은 '왕 같은 제사장들'이며, 또한 '아름다운 덕을 선전'하는 선지자들입니다. 이 사명을 풍성히 수행하기 위하여 우리는 더욱 예수 그리스도를 알아야 할 것이며, 예수 그리스도를 알기 위하여서는 성경에 대해서 깊이 있게 알아가야 하는 것입니다.

/ 말씀을 생각하며 /

오늘 배운 문답서의 요약

문 :

답 :

오늘 배운 말씀의 교훈

이번 주 나의 기도

나	
가정	
이웃	
교회	
기타	

제 19 과
선지자로서의 예수

"내가 그들의 형제 중에서 너와 같은 선지자 하나를 그들을 위하여
일으키고 내 말을 그 입에 두리니 내가 그에게 명령하는 것을
그가 무리에게 다 말하리라"(신 18:18)

찬송 / 96장

제24문 : 그리스도께서 어떻게 선지자의 직분을 행하십니까?
**답 : 그리스도께서 선지자의 직분을 행하시는 것은 우리를 구원하시고
자 하시는 하나님의 뜻을 그 말씀과 성령으로 말미암아 우리에게 나
타내시는 것입니다.**

예수 그리스도께서는 선지자, 제사장, 왕으로서의 사역을 하셨습니
다. 이는 구약의 선지자, 제사장, 왕들이 구약의 하나님 나라인 이스라
엘을 위해서 행했던 사역들을 예수 그리스도께서 한 몸에 받아서 수행
하셨다는 것을 말합니다. 그렇기에 구약의 선지자, 제사장, 왕들은 예
수 그리스도의 그림자로서의 역할을 수행했던 것입니다.

이 중에서 우리는 그리스도의 선지자 사역에 대해서 좀 더 세밀하게
살펴보도록 하겠습니다.

1. 선지자의 임무

선지자란 하나님으로부터 받은 말씀을 청중들에게 선포하는 자란 뜻
입니다. 선지자란 앞날을 예언하는 자가 아니라 하나님의 계시를 받고,
하나님의 사자로서 하나님의 말씀을 선포하는 사람을 의미한다는 것
을 알 수 있습니다. 물론 이런 과정 가운데 시간적으로 앞날을 예언하

도록 하나님의 계시가 주어질 수도 있으나 그것까지라도 하나님의 뜻을 전달하는 역할의 한 부분일 뿐이지 그것이 선지자의 주된 역할은 아닌 것입니다.

이처럼 하나님의 말씀을 받아서 선포하는 선지자의 기능은 다시 두 요소로 나누어 생각해 볼 수 있을 것입니다. 하나님의 말씀을 받아들이는 기능과 이것을 자신이 처한 상황에서 사람들에게 선포하는 기능으로 구성되어 있습니다. 선지자는 받지 않은 계시를 전달할 수 없고, 또한 받은 것보다 더 전할 수도 없습니다.

이런 선지자들의 구체적인 임무는 가르침, 권면, 훈계, 영광스러운 약속, 엄한 책망의 형태로 하나님의 뜻을 드러내는 것이었습니다. 하나님의 백성들의 목양적인 훈계자이며, 윤리적이고 영적인 율법의 해석자들이며, 무의미한 형식주의에 항고하고 진리와 정의를 증진시키는 일을 감당했던 것입니다.

2. 선지자이신 예수 그리스도

이와 같은 구약의 선지자들의 사역은 구약적인 하나님 나라인 이스라엘에 하나님의 뜻을 전달하여서 바른 하나님의 백성으로서 설 수 있도록 큰 영향력을 끼쳤습니다. 그래서 그들의 사역으로 인하여서 많은 이들이 하나님의 백성다움에로 회복되는 일들이 있었습니다. 그러나 그럼에도 불구하고 이스라엘은 하나님의 나라로서 온전히 세워가는 데는 역부족이었고 결국 실패하여서 멸망을 당했습니다. 이것이 실체를 예표하는 그림자로서의 한계였던 것입니다.

하나님께서는 이런 한계를 지닌 선지자들과 다른, 큰 선지자를 보내주실 것을 약속하셨습니다. 하늘에 근본을 두신 예수 그리스도께서 완전한 선지자로 오신 것입니다. 선지자로 오신 예수 그리스도께서는 구약의 선지자들과 동일한 사역을 하셨습니다. 예수 그리스도께서도 가르침, 권면, 훈계, 약속, 책망을 하셨습니다. 특히 무의미한 형식주의에 빠져있는 당시 종교 지도자들과 군중들에게 하나님의 말씀에 대한 바른 해석을 제시하셨습니다. 또한 각종 이적들을 통하여 전하신 말씀의 권능으로 확증하셨으며, 하나님의 뜻을 알리기 위하여 미래의 일을 예언하시기도 하셨습니다.

3. 그리스도의 선지자적 사역

예수 그리스도께서는 성육신 하셔서 지상에 계시는 동안에 선지자로서의 사역을 수행하셨습니다. 그러나 그 때에만 하나님의 뜻을 전달하시는 사역을 수행하셨던 것은 아닙니다. 이미 성육신을 하시기 전에 구약 시대에도 주의 천사들을 통하여서 성부 하나님의 뜻을 선지자들에게 전달하시는 일도 성자 하나님의 사역이셨던 것입니다.

구약에서는 선지자들을 통하여서 간접적으로 선지자 사역을 수행하셨고, 성육신하시어서 직접적으로 선지자 사역을 수행하신 것입니다. 그리고 신약시대에는 사도들을 매개로, 오늘날에는 교회를 도구로 하여 신자들 안에 내주하시는 성령님을 통하여 간접적으로 이 사역을 수행하고 계시는 것입니다.

예수 그리스도께서는 우리에게 하나님의 뜻만을 가르치셨습니다. 그리고 그 하나님의 뜻을 이제 우리에게 맡겨서 세상에 가르치라고 하십니다. 이것이 바로 선지자의 사명입니다. 우리는 예수 그리스도께로부터 하나님의 뜻을 선포하는 선지자로서의 사명을 명령받았습니다. 예수 그리스도께서 이 일을 이룰 수 있도록 우리와 항상 함께 하신다고 약속 하셨습니다. 이 약속을 믿으시고 하나님의 뜻을, 하나님의 말씀을 선포하는 선지자로서의 사명을 바르게 감당하시길 바랍니다.

/ 말씀을 생각하며 /

오늘 배운 문답서의 요약

문 :

답 :

오늘 배운 말씀의 교훈

이번 주 나의 기도

나	
가정	
이웃	
교회	
기타	

제 20 과
제사장이신 그리스도

"우리에게 있는 대제사장은 우리의 연약함을 동정하지
못하실 이가 아니요 모든 일에 우리와 똑같이 시험을
받으신 이로되 죄는 없으시니라"(히 4:15)

찬송 / 283장

제25문: 그리스도께서 어떻게 제사장의 직분을 행하십니까?
**답: 그리스도께서는 단번에 자신을 제물로 드려 하나님의 공의를 만족
시키며, 우리를 하나님과 화목하게 하시고, 또 우리를 위하여 항상
간구하심으로 제사장의 직분을 행하십니다.**

선지자의 사역은 하나님의 뜻을 선포하는 것입니다. 반면 제사장은
속죄를 위한 제의를 수행하는 사람들입니다. 구약의 제사장들이 제의
만을 감당한 것이 아니라 교사의 일도 겸임했습니다. 그러나 선지자의
가르침과는 상이했습니다. 선지자는 윤리적이고 영적인 의무, 책임, 특
권을 강조했음에 비해, 제사장은 하나님께 올바로 나아가기 위한 요건
인 의식(儀式)의 준행을 강조하는 교사였습니다. 다시 말하면 제사장
의 사역은 하나님 앞에서 사람들을 대표하며 동료인간을 중재하는 역
할을 담당합니다.

오늘은 예수 그리스도의 선지자, 제사장, 왕으로서의 사역하심 중에
서 제사장으로서의 사역을 살펴보겠습니다.

1. 대제사장의 역할

첫째, 하나님 앞에서 이스라엘을 대표했습니다. 그가 가슴에 걸친 흉

배에는 열두 개의 보석이 박혀 있었고, 보석에는 이스라엘 열 두 지파의 이름이 새겨져 있었습니다. 그리고 하나님 앞에 나갈 때마다 그 보석을 달았는데, 이것은 그가 백성을 위해 거기에 있다는 것을 표시했습니다.

둘째, '우림'과 '둠밈'을 가지고 하나님의 뜻을 물을 수 있었습니다.

셋째, 대제사장은 모든 제사장과 함께 이스라엘에 언약적 축복을 선포함으로써 백성을 축복하는 일을 담당했습니다.

넷째, 일반적으로 제사장직에 있는 사람들은 매일 제물을 드리는 일을 담당했지만, 대제사장은 1년에 한 번 있는 대 속죄일에 자신과 백성을 위한 희생의 피를 지니고서 하나님의 영광이 임재한 지성소에 들어갔습니다.

이처럼 대제사장은 이스라엘 열두 지파를 대표하여 하나님께 나아가 속죄와 화해의 기능을 수행했습니다. 예수 그리스도께서 영적인 이스라엘을 대표하여 하나님 앞에 나아가 자신의 희생하심으로서 속죄와 화해의 기능을 수행하신 것입니다.

2. 대제사장의 자격

대제사장은 레위 지파에 속해야 합니다. 그러나 예수님은 유다 지파이므로 제사장의 자격이 없습니다. 그런데 성경은 그리스도를 "멜기세덱의 반차를 좇은 대제사장"이라고 하였습니다(히 5:10, 시 110:4). 예수 그리스도께서는 아론 계열을 따른 것이 아니라 멜기세덱의 반차를 따라서 대제사장이 되셨다는 것입니다.

구약에서는 왕의 직책과 제사장의 직책이 아주 분명하게 나누어져 수행되었습니다. 때문에 사울 왕이 사무엘을 제쳐두고 제사를 지냄으로인해 폐위 되었고, 웃시야 왕이 분향을 하다가 하나님의 벌을 받아서 문둥병이 발했습니다. 이처럼 제정(祭政)이 분리되어 있었기에 왕이면 왕으로서의 사역이 있었고, 제사장이면 제사장으로서의 사역을 하는 것이지 두 가지를 다 할 수 없었습니다.

예수 그리스도는 아론 계열의 제사장을 따라 나시지 않으셨기 때문에 이스라엘의 일반적인 제사장이 분명히 아니셨습니다. 그러나 멜기세덱의 반열(班列)을 따라 나셨기 때문에 분명히 제사장이십니다. 더 나아가서 멜기세덱 반열의 제사장은 제정일치(祭政一致)적이기 때문에 제사장이자 왕이신 것입니다. 이것이 예수 그리스도께서 이스라엘 역사 속에서 부정되는 왕과 제사장의 연합 금지를 넘어서서 왕이자 제사장이신 이유입니다.

3. 예수 그리스도의 제사장 사역

제사장이신 예수 그리스도께서도 아론 계열의 제사장들처럼 속죄제를 드렸습니다. 그것은 필수적으로 피 흘림이 수반된 화목의 제물이었습니다. 예수 그리스도와 아론 계열 대제사장의 제사에서 주요한 차이점은, 아론의 제사는 여러 대제사장이 제사를 계승하면서 계속 반복되어야 하지만, 그리스도의 제사는 유일하고 반복될 수 없다는 것이었습니다.

아론의 제사는 인간의 죄를 속하는 본질적인 능력이 없는 동물 제사에 불과하기 때문에 비효과적이고, 진정한 속죄제의 그림자로서(히 10:1)의 역할 밖에 하지 못하기에 계속 반복되어야 했던 것입니다. 그러나 예수 그리스도의 제사는 무죄한 사람인 동시에 하나님의 아들인 자기 자신을 제물로 드리는 제사였기 때문에 단 한 번의 제사이지만 하나님의 공의를 만족시킬 수 있었던 것입니다.

교회는 이 땅위에서 그리스도의 몸으로서 제사장의 역할을 수행하여야 하며, 이런 교회의 행보가 곧 천상에 계시는 머리이신 예수 그리스도의 지상에서의 제사장 사역이 되는 것입니다. 그러하기에 교회는 제사장으로서 세상이 하나님과 화목할 수 있도록 애를 써 나아가야 할 것입니다.

/ 말씀을 생각하며 /

오늘 배운 문답서의 요약

문 :

답 :

오늘 배운 말씀의 교훈

이번 주 나의 기도

나	
가정	
이웃	
교회	
기타	

제 21 과
왕이신 예수 그리스도

"대저 여호와는 우리 재판장이시요 여호와는 우리에게 율법을
세우신 이요 여호와는 우리의 왕이시니 그가 우리를
구원하실 것임이라"(사 33:22)

찬송 / 69장

제26문 : 그리스도께서 어떻게 왕의 직분을 행하십니까?
**답 : 그리스도께서 왕의 직분을 행하시는 것은 우리로 하여금 자기에게
복종케 하시고 우리를 다스리시며 보호하시고 자기와 우리의 모든
원수를 막아 이기시는 것입니다.**

오늘은 예수 그리스도의 선지자, 제사장, 왕으로서의 사역 중에서 왕
으로서의 사역을 살펴보겠습니다.

1. 그리스도의 왕권

예수 그리스도께서는 성 삼위 일체의 제2위이시며, 영원하신 성자 하
나님으로서 당연히 모든 피조물에 대한 삼위 하나님의 통치에 참여하
십니다. 그리고 예수님은 하나님의 구원 계획의 수행(경륜적)을 위하여
통치하시는 직무로서의 왕직을 의미합니다.

예수 그리스도께서 왕의 직분을 수행하실 때, 그 직무의 성격상 우
주에 대한 통치와 영적인 통치로 구분할 수 있습니다. 우주에 대한 통
치는, 역사를 주관하시고, 역사 안에서 공의를 행하시며, 악인과 선인
에게 동일한 은혜를 베푸심으로 왕의 직무를 수행하시는 것입니다. 그
리고 영적인 통치는 하나님의 백성들의 구원이라는 영적 목적이며, 이

통치는 신자들의 심령과 생활 속에서 드러나게 되며, 이것이 폭력이나 외부적 수단에 의하지 않고 진리, 지혜, 공의, 거룩, 은혜, 자비로우신 성령님에 의하여 교회를 통해 이루어집니다.

그리스도께서 당신의 백성들의 구원을 위하여 직무를 수행하실 때에 하나님의 나라를 세우시고 통치하실 뿐 아니라, 모든 적대 세력들로부터 보호하시고, 궁극적으로 모든 대적들을 멸하시기 위하여 영적으로 다스리십니다.

그러므로 하나님의 나라는 예수님이 전하신 진리를 듣고 이에 순종하여 나오는 자들이 하나님의 백성이 되고, 그들이 하나님의 공의로우심의 은혜를 받게 되는 것이며, 그가 전한 진리를 거부하고 돌아서는 자들은 흑암에 속하여서 하나님의 공의로우심이 내리시는 심판을 당하게 됨으로서 권능의 왕국의 통치가 이루어지는 것입니다.

2. 왕으로서의 직무

고전 15:24에, "**그 후에는 나중이니 저가 모든 정사와 모든 권세와 능력을 멸하시고 나라를 아버지 하나님께 바칠 때라. 저가 모든 원수를 그 발아래 둘 때까지 불가불 왕 노릇 하시리니, 맨 나중에 멸망 받을 원수는 사망이니라**"고 하였습니다.

예수 그리스도의 왕으로서의 직무는 영적 싸움이 끝날 때까지 계속될 것입니다. 모든 원수를 멸하실 때까지, 최고의 원수인 사망을 멸망시키실 때까지 열심히 우리의 왕으로서 직무를 수행하실 것입니다. 그렇기에 예수 그리스도께서는 지금 실재로 우리의 왕으로서 일하고 계심을 믿어야 합니다.

예수님께서는 이미 "**하늘과 땅의 모든 권세를**"(마 28:18) 받으신 왕이십니다. "**그가 우리를 흑암의 권세에서 건져 내사 그의 사랑의 아들의 나라로 옮기셨으니**"(골 1:13)라고 합니다. 여기서 '사랑의 아들의 나라'는 예수 그리스도께서 왕으로 통치하시는 하나님 나라를 의미합니다. 예수 그리스도께서 우리를 흑암의 권세에서 구원하시어 하나님 나라로 옮기시는 일을 지금도 하십니다.

3. 교회에 맡기신 왕권

인간은 하나님을 배반하여 타락하게 됨으로 말미암아 전적으로 부패하게 되었습니다. 그로 인해 하나님께 대하여, 선에 대하여 전적으로 무능한 존재가 된 것입니다. 그래서 죄와 사탄의 종이 되어서 거기에 복종하며 살 수 밖에 없던 존재입니다. 그런데 예수 그리스도께서 이런 노예의 자리에서 우리를 구원해 주신 것입니다. 그 분의 대속사역과 성신님을 통해 내려 주시는 은혜로 말미암아 더 이상 죄와 사탄에게 끌려다니지 않아도 되는 참자유인이 된 것입니다. 하나님의 뜻에 순종할 수 있게 만드셨습니다.

예수 그리스도께서는 우리를 위하여 권능과 은혜로 그 직무를 수행하고 계십니다. 그리고 이 땅위의 교회들에게 그 직무를 맡기셨습니다. 이제 교회는 머리이신 예수 그리스도의 왕으로서의 통치를 이 땅 위에 드러내는 사명을 받았습니다.

우리 그리스도인들은 이 교회의 사명, 그리고 그 교회의 분자로서의 우리 자신의 사명에 대해서 더욱 깊은 이해를 가짐으로 말미암아 우리가 서 있는 그곳에 교회의 이 사명을 드러내기 위하여 힘을 다해야 할 것입니다. 그렇게 함으로써 우리가 하나님 나라의 진전에 드려지는 것이며, 이 일을 위하여 기도하며 나갈 때마다 우리 주 예수 그리스도께서 놀라운 왕권을 실존적으로 우리와 우리가 서 있는 곳에 밝히 보이실 것입니다.

/ 말씀을 생각하며 /

오늘 배운 문답서의 요약

문 :

답 :

오늘 배운 말씀의 교훈

이번 주 나의 기도

나
가정
이웃
교회
기타

제 22 과
그리스도의 낮아지심

"사람의 모양으로 나타나사 자기를 낮추시고 죽기까지
복종하셨으니 곧 십자가에 죽으심이라"(빌 2:8)

"장사 지낸 바 되셨다가 성경대로 사흘 만에
다시 살아나사"(고전 15:4)

찬송 / 134장

제27문 : 그리스도의 낮아지심은 어떠합니까?
**답 : 그리스도의 낮아지심은 곧 그의 강생(降生)하심인데, 또한 비천한
지위에 나셔서 율법 아래 복종하시고 금생에 여러 가지 비참함과 하
나님의 진노하심과 십자가에서 저주의 죽음을 받으시고 묻히셔서
얼마동안 죽음의 권세 아래 거하신 것입니다.**

예수 그리스도께서는 중보자로서 당신의 나라와 백성들을 위하여 은
혜와 권능으로 세상의 역사를 주관하고 계십니다. 우리는 그리스도를
믿음으로 이 세상에서 하나님 나라에 속한 백성으로서의 삶을 충실히
살아갈 수 있습니다. 그리하면 세상은 우리를 감당할 수 없는 존재이며,
하나님의 영광을 나타내는 존재가 될 수 있습니다.

이제 여기에서는 예수 그리스도의 낮아지심에 대해서 살펴보겠습니
다.

1. 비천한 지위에 태어나심

사람들은 태어날 때, 그리고 태어나서는 귀하게 대접을 받습니다. 그
런데 예수 그리스도는 보통의 인간들보다도 훨씬 비천하게 세상에 오

신 것입니다. 유대 땅 베들레헴의 어느 축사에서 태어나셨고, 가축의 먹이통에 누이셨습니다.

예수 그리스도는 삼위일체 하나님의 제2위 성자 하나님께서 성육신하신 분입니다. 그렇기에 영원 전부터 성부 하나님과 성신 하나님과 동일본질이시며, 동등하신 분입니다(빌 2:6). 그런데 이런 거룩하고 존귀한 분이 하나님으로서, 우주의 주권적 통치자로서의 신적 위엄을 포기하고 종의 형체로 인성을 취하신 것은 놀랍고 신비로운 낮아지심입니다. 무한하신 성자 하나님께서 연약, 고난, 죽음에 매인 유한한 인간의 육을 입으신 사실은 인간의 제한된 이해를 뛰어넘는 기적입니다.

2. 율법 아래 복종하심

예수 그리스도는 하나님이시기에 다스리시는 분이시며, 최고의 입법자입니다. 법이 그에게서 나오는 것입니다. 또한 그 법대로 재판하시어 잘잘못을 판단하시는 재판장도 되십니다. 그러니까 법에 매이는 분이 아니라 법 위에 계셔서 법을 내시고 집행하시는 분이십니다.

그런데 최고의 입법자이자 집행자이신 그분께서 그 백성들을 대신하여 죄를 법적으로 책임지시기 위하여 '율법 아래'에 까지 내려가신 것입니다. 예수 그리스도는 성육신을 통하여 인류와 동일한 인성을 가지실 뿐 아니라, 세례 요한이 베푸는 죄인의 세례를 받으심으로 자신을 죄인과 동일한 존재가 되신 것입니다.

그리고 우리의 죄를 속하시려고 형벌적인 고난을 받으셨습니다. 생애 마지막에 받으셨던 고난만이 아니라 그의 전생에 걸쳐서 고난을 받으셨습니다. 그는 이상적인 인간성과 윤리적 완전성, 공의로우심, 거룩하심, 진실하심으로 인하여 어느 누구보다도 고통, 비애, 도덕적 사악의 통렬한 아픔을 느끼셨습니다.

3. 하나님의 진노하심과 죽음

예수 그리스도께서 받으신 고난은 죄에 대한 하나님의 진노하심의 표출이며, 그 종국은 죽음입니다. 그렇기에 예수 그리스도께서는 하나님의 진노하심 속에서 누가 봐도 저주를 받았다고 할 만큼 처참한 십자가에서의 죽음을 당하셨습니다. 저주의 십자가 죽음은 바로 우리를 속량하기 위하여 받으신 것입니다(갈 3:13).

죽음이 낮아지심의 마지막 단계가 아닙니다. 물론 예수 그리스도께서 능동적으로 고난 받으심은 그의 죽으심과 함께 종결되었습니다. 그러나 하나님께서는 인간의 죄에 대해서 인간이 유래했던 흙으로 돌아가는 것까지를 형벌로 내리셨습니다.

이렇게 죄인들이 비참하게 땅 아래 매장되어 있는 곳까지 예수 그리스도께서 함께 매장되신 것입니다. 무덤에까지 '임마누엘'하심으로써 구원받는 우리에게서 무덤의 공포를 제거하시는 것입니다. 무덤에까지 내려가심은 죽음의 권세 아래 거하심을 의미합니다. 십자가의 육적인 죽음과 무덤에 내려가심으로의 영적인 죽으심을 통하여 그리스도는 우리의 죄를 갚아 주신 것입니다.

예수 그리스도께서는 그 존귀하신 자리로부터 세상에 오셨습니다. 권좌를 비우고 종이 되셨습니다. 주님의 백성들은 율법의 노예, 죄의 노예가 되어 있는데, 그리스도께 찾아오셔서 우리와 연합하시고, 우리가 당해야 할 형벌 곧, 고통과 슬픔, 상함과 채찍을 담당하셨습니다.

이처럼 예수 그리스도의 낮아지심은 우리를 향한 열심이며, 우리를 구원하고야 말겠다는 하나님의 집념입니다. 이런 집념의 손길이 바로 저와 여러분을 향한 것임을 기억하시어, 구원의 확신 가운데 이 세상에서의 삶을 이 믿음에 근거하여 승리하시길 바랍니다.

/ 말씀을 생각하며 /

오늘 배운 문답서의 요약

문 :   답 :

오늘 배운 말씀의 교훈

이번 주 나의 기도

나
가정
이웃
교회
기타

제 23 과
그리스도의 높아지심

"성경대로 사흘 만에 다시 살아나사"(고전 15:4)
"이 말씀을 마치시고 그들이 보는데 올려져 가시니 구름이 그를
가리어 보이지 않게 하더라"(행 1:9)
"죽은 자들 가운데서 다시 살리시고 하늘에서 자기의 오른편에 앉히사"(엡 1:20)
"이 예수는 하늘로 가심을 본 그대로 오시리라"(행 1:11)

찬송 / 177장

제28문 : 그리스도의 높아지심이 어떠합니까?
답 : 그리스도의 높아지심은, 사흘만에 죽음에서 다시 살아나신 것과 하늘로 오르신 것과 하나님 아버지의 우편에 앉아 계신 것과 마지막 날에 세상을 심판하러 오시는 것입니다.

우리는 우리의 죄 값을 치루기 위해서 어떤 고행을 요구 받거나 구원을 얻기 위해서 선행을 행할 것을 요구받지 않습니다. 우리 쪽에서 적극적으로 달려들어서 뭔가를 내놓아야 그 대가로 구원을 받는 것이 아닙니다. 우리가 한 없이 낮고 천한 자리로 떨어져서 비천한 죄인의 자리에 와 있을 때에 예수 그리스도께서 그곳까지 자신을 낮추시어 우리를 구원하신 것입니다.

1. 죽은 자들 가운데서 다시 살아나심

십자가에서 죽으시고 매장되셨고, 무덤 속에서 3일 동안 계심으로써 그의 죽음이 확실한 것임을 보이셨습니다. 그러나 사흘째 새벽에 부활하셨습니다. 이것은 사망 권세가 예수 그리스도를 더 이상 붙잡아 둘 수 없었음을 의미하며, 그리스도께서 사망 권세의 모든 공격을 당하시

고 승리하셨다는 것을 나타내는 것입니다.

　부활의 역사성에 대해서는 심각한 도전들이 있어 왔습니다. 그러나 부활 사건은 십자가 사건과 함께 우리의 구원을 이루시는 구원 사역의 객관적인 근거입니다. 예수 그리스도의 십자가 죽음이 헛된 것이 아니고, 전우주적 구원을 이루는 사역이라는 것을 역사 가운데 분명히 드러내어 증명하시고 선포하신 것이 바로 부활 사건입니다. 그렇기에 그리스도의 부활의 역사성을 부인하는 자들은 부활의 의미를 심각하게 손상시키는 것입니다.

　우리는 역사 안에 객관적으로 일어난 예수 그리스도의 부활 안에서 구원을 얻는 것입니다. 그리스도께서 우리와 연합되어 하나가 되셨고, 그렇기에 우리는 그리스도 안에서 십자가 죽음을 통과하고 부활한 것입니다. 우리는 이 부활로 말미암아 이미 의롭다하심을 얻었으며, 부활 생명을 누리면서 날마다 거룩을 향해 나가게 되었고, 종국에 가서는 영광스러운 부활체로 변화할 것입니다. 이것을 각자가 믿기에 부활은 주관적인 사건이기도 합니다.

2. 하늘로 올라가심(행 1:8-11)

　부활하신 예수님께서는 40여일의 기간 동안 부활하셨다는 사실을 확실히 보이시고, 구약 성경의 희미하던 계시를 밝히 가르치심으로 자신의 사역과 죽으심의 의미를 설명해 주셨으며, 그들을 부활의 증인으로 세우시고 사명을 주셨습니다. 이렇게 하여 신약의 교회가 서게 하시고 예수 그리스도께서는 하늘로 올라 가셨습니다. 이렇게 하늘로 올라가신 것을 우리는 승천(昇天)이라고 표현합니다.

　그런데 여기서 말씀하는 '하늘'은 우리가 보는 하늘이 아닙니다. 여기서 말씀하고 있는 '하늘'은 하나님께서 계신 곳을 가리키는 성경적인 표현입니다. 그렇기에 '하늘'은 다른 차원이지 '우주론적인 하늘', '공중(空

中)'이 아닙니다. 위의 본문에서도 예수그리스도께서 구름은 타고 가신 것이 아니라 '구름과 함께' 가신 것이고, 이것은 구약에서 하나님께서 임재하실 때에 나타났던 그 구름과 같은 것입니다.

이러한 그리스도의 승천은 예수 그리스도께서 **"많은 사람의 죄를 담당하시려고 단번에 드리신"**(히 9:28) 희생제사의 완성을 상징합니다. 이것은 아담의 불순종으로 갈 수 없었던 '하늘'에 그리스도께서 죽기까지 순종하심으로 가신 것이며, 이것은 **"우리를 위하여 들어가"**(히 6:20)신 것입니다.

3. 세상을 다스리심

'하늘'로 승천하신 예수 그리스도께서는 '하나님 우편에 앉아' 계십니다. 하나님 보좌 오른 편에 앉으셨다는 것은 하나님과 함께 통치하시는 권능의 자리, 같은 영예의 자리, 같은 영광의 자리를 의미합니다. 그러므로 예수 그리스도께서는 지금 만유를 통치하시는 하나님의 통치에 참여하여 함께 통치하고 계시는 것입니다.

예수 그리스도께서는 지금 하늘에서 온 세상과 하나님 나라를 다스리고 계시지만 언젠가는 이 세상에 다시 오실 것입니다. 이것은 성육신하시기 위해 오신 '초림(初臨)'에 이어 두 번째 오심이기 때문에 '재림(再臨)'이라고 합니다.

그리스도께서 지금도, 그의 낮아지신 신분에 있었을 때와 마찬가지로 그의 높아지신 신분으로 그의 백성들 가운데 활동하고 계심을 주목하는 것이 중요합니다. 그리스도께서 자신의 이익을 위해 이 땅을 떠나 승천하신 것이 아닙니다. 그는 우리를 위해 한 처소를 예비하기 위해 가셨습니다. 하늘에서 그리스도는 그의 백성들을 다스리시며 우리의 적들을 계속 정복하고 계십니다. 그리고 재림하셔서 세상을 심판하시고 하나님 나라를 완성하셔서 영원히 다스리실 것입니다.

/ 말씀을 생각하며 /

오늘 배운 문답서의 요약

문 :

답 :

오늘 배운 말씀의 교훈

이번 주 나의 기도

나	
가정	
이웃	
교회	
기타	

제 24 과
성령과 구원 사역

"하나님이 미리 아신 자들을 또한 그 아들의 형상을
본받게 하기 위하여 미리 정하셨으니 이는 그로 많은 형제
중에서 맏아들이 되게 하려 하심이니라 또 미리 정하신
그들을 또한 부르시고 부르신 그들을 또한 의롭다 하시고
의롭다 하신 그들을 또한 영화롭게 하셨느니라"(롬 8:29-30)

찬송 / 182장

**제29문 : 우리는 어떻게 그리스도의 값 주고 사신 그 구속에 참여하게
하십니까?**
**답 : 우리로 그리스도의 값 주고 사신 그 구속에 참여하게 하시는 것은
그의 성령께서 우리에게 구속을 효력 있게 적용하심을 인함입니다.**

구원론이란 구원의 복들을 죄인에게 전달하는 것과 하나님의 은혜
와 하나님과의 긴밀한 교제의 생활로 회복하는 것을 다루는 신학분야
입니다. 이 시간에는 성령님의 사역과 구원의 순서에 대하여 알아보겠
습니다.

1. 구속

구속이란 우리가 일상용어로 쓰는 '검사가 누구를 구속(拘束)했다'고
할 때와는 다른 말입니다. 이때에는 자유를 빼앗는 것입니다. 그러나 구
속(救贖)은 '노예를 풀어주는 일'을 말합니다. 노예의 몸값을 치름으로
써 그를 자유인이 되도록 만드는 일을 구속이라고 합니다. 이것은 속량
(贖良) 또는 이미 팔린 것을 값을 주고 되사는 것을 의미합니다.
인류는 하나님께 불순종함으로 말미암아 죄를 지었습니다. 예수 그리

스도는 율법의 모든 요구를 성취하심과 자신이 죄인의 고난 받으심, 그리고 사망에 대한 승리를 통해서 우리를 구원하셨습니다.

그 결과 우리는 칭의(죄의 용서, 양자 됨)에 의해 인간과 하나님과의 관계, 인간과 다른 피조물과의 관계를 회복되었으며, 중생(내적 부르심, 회심, 갱신, 성화)에 의해 하나님의 형상으로 인간은 새롭게 되었으며, 고통과 사망에서 벗어나 영원한 생명을 소유하게 하십니다.

2. 성령님의 구원사역

성령님은 "하나님의 영"이시며, "그리스도의 영"이십니다. 그리고 전능자의 숨(욥 33:4)이시며, 그의 입의 기운(시 33:6)이시며, 모든 피조물 내에 내재하는 생명의 원리이신 하나님이시고, 하나님과 모든 실존하는 대상들의 분명한 관계를 규정하시는 "거룩한 신"이십니다.

구원의 역사는 성부께서 예정하시고 주관하시며, 예수 그리스도는 이 땅의 역사 안에 객관적으로 성취하신 것입니다. 그리고 이 객관적인 그리스도의 구원 사역을 개개인에게 주관적인 것으로 적용하는 분이 바로 성령님입니다.

성령님께서는 창조에서도 하나님의 성삼위의 일위로서 관여하셨고, 또 이 세상의 존재를 보존하고 계시는 이것을 성령님의 일반 사역이라고 합니다. 이런 성령님의 일반적인 역사가 있으므로 인하여 세상이 당장에 파괴되거나 없어지거나, 하나님의 진노에 급격하게 다 불타 버리는 일이 생기지 않는 것입니다.

성령께서는 피조물 전체 위에 항상 역사하셔서 보존하시는 일반 사역만을 역사하시는 것이 아니라, 재창조의 영역에서 새로운 생명체들 위에 특별한 역사를 하고 계시며, 이를 성령님의 특별 사역이라고 합니다. 성령께서는 특별 사역을 통하여 구원에 관한 모든 일을 우리에게 직접 내려주시고, 받게 하시고, 보존하게 하시고, 발전하고 열매를 맺도록 그리스도의 그 특별한 은혜를 적용시켜 주십니다. 그러므로 그리스도인들은 성령님의 일반 사역의 은혜 가운데서 늘 살면서 나아가서 성령님의 특별 사역의 은혜 아래서 살고 있는 것입니다.

3. 구원의 순서

성령님께서 주권적 사역으로 그리스도의 공로를 우리에게 적용하실 때, 순간적이고 단일한 것이 아니라 과정과 순서가 존재합니다. 이것을 가리켜 "구원의 서정(序程)"이라고 합니다. 즉, 구원의 단계적 순서가 있다는 말입니다. 이 순서는 구원이라는 단일한 하나님의 은혜의 역사에 대해 인간의 측면에서 이해하기 위한 논리적 순서입니다. 그러므로 이 순서들은 시간적인 순서가 아니라 원인적인 순서입니다(롬 8:29-30).

(1) 유효한 부르심: 전도를 통해서 복음을 들은 사람들 중, 그 부르심에 응답할 수 있도록 정하여 진 것을 유효한 부르심이라고 합니다.

(2) 중생: 성령님에 의하여 새로운 존재로 거듭나게 되는 것을 의미합니다.

(3) 회심(돌이킴): 회개란 죄의 길로 가다가 부르심을 받고 하나님께로 돌이키는 것을 의미합니다.

(4) 칭의: 비록 죄인임에도 불구하고 그리스도의 공로를 인하여 하나님께서 의롭다고 선언하여 주시는 것을 의미합니다.

(5) 성화: 우리의 본성 전체를 새롭게 하여 거룩한 삶을 영위할 수 있도록 하시는 성령님의 은혜로운 역사를 말합니다.

(6) 견인: 성령께서 성도들을 끝까지 인도하셔서 영원한 구원을 얻게 하시는 것을 말합니다.

(7) 영화: 다가오는 시대에 우리가 온전히 거룩해지고, 그리스도의 영광에 함께 참여하는 것을 의미합니다.

/ 말씀을 생각하며 /

오늘 배운 문답서의 요약

문 :

답 :

오늘 배운 말씀의 교훈

이번 주 나의 기도

나	
가정	
이웃	
교회	
기타	

제 25 과
그리스도와의 연합

"내가 그리스도와 함께 십자가에 못 박혔나니
그런즉 이제는 내가 사는 것이 아니요
오직 내 안에 그리스도께서 사신 것이라"(갈 2:20)

찬송 / 180장

**제30문 : 성령께서는 그리스도께서 성취하신 구속을 우리에게 어떻게
적용하십니까?**
**답 : 성령께서 그리스도께서 성취하신 구속을 우리에게 적용하시는 것
은 우리 안에 믿음을 일으키시고, 또 효력 있는 부름으로써 우리를
그리스도와 연합하게 하는 것입니다.**

성령님께서는 구원의 경륜 속에서 성부 하나님께서 예정하시고, 성자
예수 그리스도께서 객관적으로 이루신 구원의 공로를 주관적으로 적용
하시어 구원사(救援史)를 이 땅에 드러내시는 일에 역사하십니다. 이 구
원의 시작은 성령께서 우리로 하여금 그리스도와 하나 되게 하십니다.

1. '그리스도와의 연합'의 의미

그리스도와의 연합은 성령님께서 예정한 자를 부르심으로 그 안에 믿
음을 주심으로 이루지는 것입니다. 그리스도와의 연합은 먼저 하나님
께서 만세 전에 그의 백성을 그리스도 안에서 그로 말미암아 구원하시
기로 작정하셨을 때 이미 시작되었습니다. 그리고 이것이 역사 가운데
서 그리스도께서 그의 백성을 위해 행하셨던 구원역사로 인하여 분명
한 근거를 세우게 되었으며, 마침내 하나님의 백성들이 이 땅 위에 태

어난 이후 그들에게 실제로 적용되고 그들의 평생과 영원에까지 지속되는 것입니다.

그렇기에 우리는 그리스도와의 연합이 그 뿌리를 하나님의 택정하심에 두고 있으며, 그 근거를 그리스도의 구원의 공로에 두고 있고, 그 실제적 적용이 성령님에 의해 역사 속에서 하나님의 백성에게 이루어지는 것입니다.

2. '그리스도와의 연합'의 근거

그리스도와 우리의 연합은 하나님께서 만세 전에 그리스도 안에서 그의 백성을 구원하시고자 작정하신 은혜로운 결정과 함께 시작되었음을 알 수 있습니다. 즉 우리는 우리의 공로 때문이 아니라 창세 이전에 하나님께서 택하셨기 때문에 그리스도 안에서 모든 신령한 복을 받게 되는 것입니다.

하나님께서는 이런 사랑의 관계를 우리에게 요구하십니다. 그리고 하나님과 이런 사랑의 관계를 형성하는 것, 하나님을 사랑하는 것을 '거룩하다'고 하시는 것입니다. 우리를 하나님과 사랑하는 관계 안으로 이끄시기 위하여 우리를 그리스도와 연합되도록 작정하신 것입니다. 그렇기에 그리스도와의 연합은 인간이 타락한 이후에 그 타락에서 구원하기 위하여 추가로 덧붙여진 그 무엇이 아닙니다. 우리는 시초부터 그리스도와 연합되어서 삼위 하나님간의 그 놀라운 사랑의 관계 안으로 들어가도록 작정되어 있던 것입니다.

예수 그리스도께서는 죄에서 구원하여서 자기의 백성을 만들기 위해서 오신 것이 아니고, 이미 자기의 백성인 자들을 그 백성들의 죄에서 구원하러 오시는 것입니다. 그들을 구원하기 위해서 구원사역을 행하시는데 자신의 목숨까지 내어 놓으셨습니다(마 1:21, 요 10:11). 예수 그리스도께서는 특정한 그의 양무리, 자신의 백성들을 위해서 무한한 가치를 지닌 자신의 목숨을 내어 놓으신 것입니다. 이러한 그리스도와 구원사역의 공로는 이제 실제적인 연합의 근거가 되는 것입니다.

3. '그리스도와의 연합'의 결과

그리스도 예수 안에서 새롭게 지으심을 받는 것은, 전에는 존재하지 않았던 것을 하나님의 주권적인 능력으로 생겨나게 하시는 창조사역을 의미하는 말씀입니다. 따라서 그리스도와의 연합으로 말미암아 영적으로 죽은 자들 속에 새로운 영적인 생명이 창조된 것입니다.

그리스도와 연합하여 거듭난 성도는 굳은 마음이 제거되고 부드러운 마음을 받음으로 속사람이 변화되는 것입니다(겔 36:26). 그리스도와의 연합은 개인의 새로워짐이 궁극적으로 전 우주의 새롭게 됨과 서로 관련되는 놀라운 변화입니다. 그러므로 그리스도인들은 그리스도와의 연합으로 인한 변화 이후로는 더 이상 단순한 개개인들로 존재하는 것이 아니라, 만물 안에 충만하시는 예수 그리스도와 연합되어 유기체의 한 부분으로서 존재하는 것입니다(엡 1:23).

이 일은 이 땅 위에 존재하는 그리스도의 몸인 교회 안에서 분명하게 드러나야 할 것이며, 전 우주적 삶의 질적인 변화는 개개인이 신앙생활을 영위하는 것으로 시작하는 것이 아니라, 교회의 부분으로서의 존재함에서 시작되는 것입니다.

그리고 그리스도와의 연합으로 생겨난 이 새로운 피조물은 이 연합으로 말미암아 끝까지 견디어 낼 수 있도록 지켜지고 보존될 것입니다. 나아가 우리는 그리스도 안에서 부활하며(고전 15:22-23), 그리스도와 함께 영원토록 영화롭게 될 것입니다(골 3:4).

그리스도와의 연합으로 말미암아 더할 수 없이 풍성한 생명, 신비로운 생명에로 부름 받고 있음을 확인하고, 그 영광스러운 생명을 기쁨 가운데 누려나가길 바랍니다.

/ 말씀을 생각하며 /

오늘 배운 문답서의 요약

문 :

답 :

오늘 배운 말씀의 교훈

이번 주 나의 기도

나
가정
이웃
교회
기타

제 26 과
의롭다 하심(稱義)

"사람이 의롭게 되는 것은 율법의 행위로 말미암음이 아니요
오직 예수 그리스도를 믿음으로 말미암는 줄 알므로
우리도 그리스도 예수를 믿나니 이는 우리가 율법의 행위로써가
아니고 그리스도를 믿음으로써 의롭다 함을 얻으려 함이라"(갈 2:16)

찬송 / 270장

제33문 : 의롭다 하심이 무엇입니까?
**답 : 의롭다 하심은 하나님이 거저 주신 은혜의 행위로써 그가 우리의 모
든 죄를 용서하시고, 자기 앞에서 우리를 옳게 여겨 받아주시는 것인
데, 다만 그리스도의 의를 우리에게 돌려주시고, 우리는 오직 믿음으
로 그 의를 받게 되는 것입니다.**

1. 의롭다하심의 정의

의롭다하심의 관념을 나타내기 위하여 성경에서 사용된 말들은 다 법
적 재판적 의의(意義)를 가진 용어들로서 사람을 의롭다고 선언하는 것,
즉 법정적 결정에 의해 의로운 자로 선고하는 것을 가리킵니다 (출 23:7,
신 25:1, 잠 17:15, 사 5:23). 신학적인 용어로는 칭의(稱義, justifi-
cation), 득의(得意), 의인(義認)이라고도 하며, 모두 "의롭다 함"을 나
타내는 말들입니다.

'의롭다 하심'은 하나님의 의로우심(시 89:16, 롬 1:16-17)과, 그 기
쁘신 뜻(롬 8:30)과, 하나님의 사랑(요 3:16-17)에 의거하여 은혜로 우
리를 죄 없다고 하시는 것입니다. 우리는 다만 예수 그리스도께서 우리
의 모든 죄를 사하여 주신 구세주로 믿음으로만 그의 공로를 힘입어 의
롭다함을 얻게 되는 것입니다.

즉, 의롭다하심은 예수 그리스도의 의를 하나님의 택하신 자들에게 전가(轉嫁)시켜 죄인에 대한 모든 요구가 완전히 만족된 것을 선언하시는 하나님의 재판적 행위입니다.

2. 의롭다하심의 성질과 특징

의롭다하심은 인간의 행위의 결과로 취득하는 것이 아니고 다만 그리스도 예수 안에 있는 구속으로 말미암아 하나님의 은혜로 값없이 의롭다 하심을 얻은 것입니다(롬 3:23-24). 의롭다하심은 그리스도의 의를 우리에게 전가시켜 의롭다 선고하시고, 또 우리를 의인으로 간주하여 관계하시는 하나님의 풍성한 은혜입니다.

그러나 의롭다하심은 실제적으로 의롭게 만들거나 선하게 또는 거룩하게 만드는 것을 의미하지 않습니다. 구속 적용에서 거룩하게 하시는 이 일은 중생에서 시작하시고 성화의 사역 가운데서 수행하시며, 영화에서 완성하실 것입니다. 성경에서 '의롭다 함'이란 용어는 단지 의로움을 선언하는 것 이외에 다른 의미일 수 없습니다. 그러나 성경이 말하는 의롭다하심은 세상 법정의 의롭다하심이 아니라 불의한 자에 대한 하나님의 의롭다하심입니다. 그것은 의인을 의롭다 하는 의롭다하심이 아니라 하나님의 정죄와 저주 아래 놓여 있는 사람에 대한 의롭다하심입니다.

의롭다하심의 특징은 죄인의 신분에 대하여 완전한 의인으로 인정하시는 하나님의 은혜로 죄에 대한 책임을 제거하고, 하나님의 자녀의 권리를 회복시켜 주며, 단 한 번에 영원히 완성되어 중복되거나 취소됨이 없습니다.

그러므로 의롭다하심의 근거는 사람의 선행이 아니고(롬 3:28, 갈 2:16, 갈 3:11) 그리스도께서 십자가에서 이루신 완전한 의를 근거하여(롬 3:24, 롬 5:9, 롬 8:1, 롬 10:4, 고전 1:30) 죄인이 그리스도의 의를 믿는 믿음으로 의롭다 인정하시는 하나님의 법적 선언(法的 宣言)입니다(롬 1:17).

그리스도를 구주로 영접하므로, 그의 성취하신 의를 얻으며, 그에게 의지하는 믿음은 의롭다 인정함을 받는 유일한 도구입니다(요 1:12, 롬 3:28, 롬 5:1). 믿음으로 의롭다 함을 받으나 그 믿음도 의롭다하심의 근거가 됨이 아니고, 그리스도의 의를 그에게 옷 입혀(轉嫁시켜) 그리스도의 완전한 의를 근거하여 의롭다 인정해 주시는 것입니다.

3. 의롭다하심의 결과

의롭다하심이 없으면 죄책을 면할 수 없으며, 하나님의 진노와 저주를 영원히 벗어날 수 없습니다. 의롭다하심의 은혜를 입어야 영생을 얻으며 하나님과의 친밀한 관계를 가질 수 있게 됩니다.

중생은 죄인의 상태에 영향을 미치나 의롭다하심은 죄인의 신분을 변경시켜 줍니다. 즉 죄의 값인 영원한 정죄와 사망을 면할 수 없는 죄인을 정죄와 죄책에서 완전히 해방시켜 과거 현재 미래의 모든 죄책을 제거하며 형벌을 제거하고, 의인으로 인정하여 영생을 주시며 하나님의 자녀가 되게 하사 그를 섬기며 그의 은혜를 영원히 그리고 충만하게 상속받을 수 있는 신분이 되게 해주는 것입니다(벧전 1:4).

의롭다하심은 단번으로 영원히 완성되어 중복되거나 취소됨이 없습니다. 신자가 범죄 할 때도 받은 의롭다하심이 취소되는 것은 아닙니다. 그러나 그의 죄로 말미암아 하나님의 진노를 격발케 됩니다. 죄를 회개하고 믿음을 새롭게 하지 않으면 의롭다 하신 하나님과의 친교를 가질 수 없게 되고 징계를 받게 됩니다.

그러므로 그리스도의 대속으로 말미암아 의롭다하심의 은혜를 입은 자는 자신을 주께 드려 주를 위하여 살아야 합니다.

/ 말씀을 생각하며 /

오늘 배운 문답서의 요약

> 문 :
>
> 답 :

오늘 배운 말씀의 교훈

이번 주 나의 기도

나
가정
이웃
교회
기타

제 27 과
양자 삼으심

"영접하는 자 곧 그 이름을 믿는 자들에게는
하나님의 자녀가 되는 권세를 주셨으니"(요 1:12)

"자녀이면 또한 상속자 곧 하나님의 상속자요 그리스도와 함께 한
상속자니 우리가 그와 함께 영광을 받기 위하여
고난도 함께 받아야 할 것이니라"(롬 8:17)

찬송 / 436장

제34문 : 양자로 삼는다는 것은 무엇입니까?
**답 : 양자로 삼는다는 것은 하나님이 거저 주신 은혜의 행위로써, 이로
인해 우리를 하나님의 자녀의 수효 중에 들게 하시며, 그 모든 특권
을 누리게 하시는 것입니다.**

1. 양자됨의 의미

양자됨(Adoption)이란 하나님께서 입양을 통해 상속을 비롯한 모든
법적 권리와 책임, 특권을 부여 해 주시는 것을 말합니다. 우리는 하나
님의 상속자들이 되며, 양자됨을 통해 그리스도와 함께한 공동 상속자
들이 됩니다. 또한 양자됨은 우리의 지위의 변화를 말합니다. 이로써 우
리는 하나님의 가족의 일원으로 받아 들여졌으며, 아들로서 누릴 수 있
는 모든 권리와 특권을 누릴 수 있습니다(갈 4:5-7).

양자란 말은 유대인들 사이에서는 거의 들을 수 없는 말이지만, 그리
스 사회에서는 양자를 삼는 일이 많이 있었으며, 로마 사회에서는 매우
흔한 일이었습니다. 양자의 권리는 '아들로서 완전한 위치를 부여받음'
인데, 합법적으로 아버지의 상속자가 되며, 모든 법적 지위를 누릴 수

있게 되는 것을 의미합니다.

사도 요한은 "영접하는 자 곧 그 이름을 믿는 자들에게는 하나님의 자녀가 되는 권세를 주셨으니 이는 혈통으로나 육정으로나 사람의 뜻으로 나지 아니하고 오직 하나님께로부터 난 자들이니라"(요 1:12-13)고 하였습니다.

로마서 8장과 갈라디아서 4장에서 "아바, 아버지"란 표현은 우리가 이방인에서 하나님의 가족으로 입양되었음을 말해 줍니다. '아바'란 히브리어로 '아버지'입니다. 이방인들이 구원받을 때, 그는 구약 성경의 족보를 거슬러 아브라함의 후손에 호적이 등재됩니다. 영적으로 그는 유대인이 되었습니다(롬 8:14-15, 갈 3:29). 따라서 우리는 아브라함의 영적 후손이며, 구약 성경에서 유대인들에게 주기로 약속했던 하나님의 약속들의 참여자가 되었습니다.

2. 양자되는 때

하나님께서는 미리 아심을 통해 창세 이전에 주 예수 그리스도를 믿고 구원받을 사람들을 양자로 입양할 것을 예정하셨습니다. 비록 모든 신자들이 양자로 입양될 것이 예정되어 있었지만 실제 양자로 입양된 것은 믿는 바로 그 순간입니다(엡 1:4-5).

비록 우리가 왕의 아들의 신분이며, 그리스도와 공동 상속자들이 되었다고 하지만 세상 사람들이 우리를 볼 때 그렇게 알아주지 않습니다. 현재 우리는 마치 고아처럼 보입니다. 우리의 호적 서류가 다 올라갔고, 법적으로 완벽히 양자로 입양되었으며, 많은 것들을 양자로써 누리지만 아버지가 돌아와서 집에 데려갈 때까지 우리는 고아처럼 남아 있어야만 합니다. 우리의 몸이 그리스도의 영광스러운 몸과 같이 변화될 때 우리의 양자 됨은 완성될 것입니다.

우리는 이미 양자로 입양되었으며 앞에서도 언급된 것같이 우리의 속사람은 죄 없고 완벽하게 거룩한 사람입니다. 속사람은 이미 그리스도와 합해져 결혼했습니다. 하지만 우리의 겉사람은 아직 결혼을 기다리고 있습니다. 그리스도께서 돌아오셔서 우리에게 새 몸을 입혀 주실 때, 우리의 양자됨은 완벽해 질 것입니다. 그 날에 우리는 하늘에서 그리스도와 결합할 것이며, 우리의 양자됨은 모든 열거된 특권들을 소유하게 될 것입니다(요일 3:2).

3. 양자의 증거들

양자된 자들은 비록 보이지는 않지만 모든 일에 있어서 성령의 인도하심을 받으며 그분의 가르침을 따릅니다. 그들은 더 이상 자신의 길로 가지 않으며, 자기 눈에 좋은 대로 행하지 않습니다. 자신의 천연적인 본성에 따라 행동하지 않습니다. 성령님이 마음 가운데, 삶 가운데, 우리가 애착하는 모든 것들에서 진리로 인도하십니다. 하나님의 아들들은 하나님의 영으로 인도함을 받는 사람들입니다.

인간은 누구나 본성상 죄를 지을 때 하나님을 두려워하게 됩니다. 아들이 될 때 아담이 동산에서 무화과 나뭇잎으로 자신들을 가린 그런 죄의식, 가인이 하나님의 면전에서 물러날 때 지닌 그런 죄 의식으로부터 놓이게 됩니다. 그러나 아들들은 더 이상 하나님의 거룩함과 위엄, 공의 앞에 죄인으로서 두려워하지 않습니다. 하나님과 사람 사이에 놓여 있는 깊은 골, 높은 장벽이 있던 그런 느낌을 갖지 않습니다. 이런 혼의 속박과 두려움에서 완전히 자유를 얻습니다.

나아가서 하나님의 자녀들은 그들의 마음 가운데 성령의 증거를 지니고 있습니다. 옛 것은 지나갔고 새 것이 들어 왔으며 죄는 사라지고 평안이 회복되었다는 사실을 알 수 있습니다. 하늘의 문이 열리고 지옥의 문이 닫힌 그런 내적 의식을 지니게 됩니다. 간단히 말해 세상 사람들이 전혀 느낄 수 없는 적극적이며 확실한 소망을 느낄 수 있는 것입니다.

/ 말씀을 생각하며 /

오늘 배운 문답서의 요약

문 :

답 :

오늘 배운 말씀의 교훈

이번 주 나의 기도

나
가정
이웃
교회
기타

제 28 과
거룩하게 하심(聖化)

"그러므로 우리가 그의 죽으심과 합하여 세례를 받음으로
그와 함께 장사되었나니 이는 아버지의 영광으로 말미암아
그리스도를 죽은 자 가운데서 살리심과 같이 우리로 또한
새 생명 가운데서 행하게 하려 함이라"(롬 6:4)

찬송 / 289장

제35문 : 거룩하게 하심이 무엇입니까?
**답 : 거룩하게 하심은 값없이 주신 은혜의 역사로써, 이로 인해 우리가
하나님의 형상을 좇아 전인이 새로워지게 되고, 점점 죄에 대하여는
능히 죽고 의에 대하여는 능히 살게 되는 것입니다.**

그리스도인은 그리스도와의 연합에 의해 악과 죄의 지배로부터 해방
을 받았으며, 거듭남에 의해 새 성질이 심겨졌고, 하나님의 말씀과 성
령의 보호에 의해 죄의 오염으로부터 구출함을 받았습니다. 그러나 몸
과 마음과 생활의 모든 죄가 다 제거된 것은 아닙니다. 거듭난 자 안에
도 첫째 아담의 요소인 죄악성이 남아 있으므로, 옛 사람을 벗고 새 사
람을 입어 가는 점진적인 성화가 필요합니다.

1. 성화의 개념

성화는 구속의 마지막 단계로서, 그리스도인들이 성화를 이루어 가
는 것도 영화 되는 것으로 볼 수 있으나, 성화라는 명사는 통상적으로
하나님의 자녀들이 죄와 사망의 세력으로부터 완전히 해방되는 구속의
최종 완성을 의미합니다.

성화라는 용어가 좁은 의미로는 몸의 부활에 의한 전인적 구속의 완성을 말하며, 넓은 의미로는 영혼(靈魂) 성화(聖化)의 최종 완성과 신체의 부활에 의한 구속완성을 모두 포함시켜 말합니다.

성화는 신자가 죽을 때 그 영혼이 완전히 거룩케 되어 즉시 영광 중에 들어가고, 그 몸은 여전히 그리스도께 연합하여 부활할 때까지 무덤에서 쉬게 되는데, 영혼의 성화는 죽음의 순간에 완성됨을 의미합니다.

2. 성화의 특성

영혼의 성화는 점진적인 과정이 아니고 성령의 사역에 의한 순간적 변화입니다. 그리스도인들이 임종시에는 자력으로 죄악성을 완전히 제거하는 급격한 변화를 이룰 수 없습니다. 인간으로서는 어찌할 수 없는 죽음의 순간에 성령께서 역사 하셔서 신자의 영혼에 모든 죄악의 흔적들과 하나님의 거룩한 뜻에 배치되는 것들로부터 완전히 근절시켜 주십니다.

영혼이 죄악을 가지고는 천국에 들어가지 못합니다. 죽음과 동시에 영혼이 즉시 천국에 들어가게 되는 것은 죽을 때 영혼이 즉각적으로 성화가 완성됨을 의미하는 것입니다. 죄악이 완전히 제거되고 천국에 들어가게 됨을 의미합니다.

죽음을 통하여 영혼의 성결(聖潔)이 완성되어 영혼이 낙원에서 주와 함께 있는 것도 좋으나, 우리 몸의 구속을 그 곳에서도 기다려야 하므로 신체의 부활을 통해서만 최종적인 성화가 이루어지게 됩니다(롬 8:23, 빌 3:20-21, 고전 15:42-54, 요일 3:2-3). 몸의 부활로 완성되는 구속이 성도들의 소망과 기대의 목표입니다. 그러므로 성화는 영혼의 완전한 성화와 몸의 구속이 완성됨으로 영혼만이 아니라 몸까지 죄의 결과인 사망을 완전히 벗어나 영원한 생명으로 영육이 영생하는 지극히 영광스러운 상태로 변화되는 것을 의미합니다. 그리스도께서 영광 중에 다시 오실 때에 성도들은 신체적 부활이 이루어지게 되며 영육으로 된 전인이 그의 영광에 함께 참여하게 됩니다(롬 8:21, 빌 3:21, 벧전 5:1, 4:13, 요일 3:2, 골 3:4).

3. 그리스도인의 성화

성도의 신체적 사망은 범죄에 대한 형벌이 아니고 성화를 위하여 하나님이 정하신 훈련과 징계이며 성화의 완성을 위한 최종 기회입니다. 죽음이 가까이 오고 있다는 것은 성도들로 하여금 교만과 허영과 욕심을 버리고 겸손하게 하며, 육신의 소욕을 따르지 않고 성령을 따라 살도록 해 줍니다.

건강한 그리스도인의 양심은 하나님의 말씀에서 하나님의 음성을 기대하고 귀를 기울이며, 모든 일에 하나님의 뜻을 분별하기를 구하며, 자기 경계와 자기비판에 민활하게 부단히 활동합니다. 이를 위해서는 생각을 경계해야 하며, 마음을 감시하고, 훈련된 묵상의 습관을 형성해야 합니다. 그렇지 않으면 사람은 절대로 은혜와 거룩한 삶의 진정한 성장의 온상인 신령한 마음을 유지할 수 없기 때문입니다.

성화란 신자들의 영혼에 대한 하나님의 성령의 직접적인 역사로 그들의 본성을 죄의 오염과 부정으로부터 정결하게 정화하고, 그 안에 하나님의 형상을 새롭게 함으로 그들이 은혜의 신령하고 습관적인 원리를 따라 하나님께 순종을 바칠 수 있게 하는 것입니다.

그러므로 이 성화는 하나님의 약속하신 선물이기도 하며 인간에게 명해진 의무이기도 한 것입니다. 하나님의 은혜가 없으면 아무도 이 의무를 실행할 수 없는 것입니다. 그러므로 그리스도인들은 듣고 읽고 묵상하고 경계하고 기도하고 예배하는 은혜의 수단들을 부지런히 사용해야 합니다.

/ 말씀을 생각하며 /

오늘 배운 문답서의 요약

문 :

답 :

오늘 배운 말씀의 교훈

이번 주 나의 기도

나	
가정	
이웃	
교회	
기타	

제 29 과
이생에서의 유익

"우리가 믿음으로 의롭다 하심을 받았으니
우리 주 예수 그리스도로 말미암아 하나님과 화평을 누리자…
하나님의 영광을 바라고 즐거워하느니라… 소망이 우리를
부끄럽게 하지 아니함은 우리에게 주신 성령으로 말미암아
하나님의 사랑이 우리 마음에 부은 바 됨이니"(롬 5:1-2,5)

찬송 / 310장

**제36문 : 이생에서 의롭게 하심과 양자로 삼으신 것과 거룩하게 하심에
서 함께 받게되거나 또는 거기서 나오는 유익이 무엇입니까?**
**답 : 이생에서 의롭다 하심과 양자로 삼으신 것과 거룩하게 하심에서 함
께 받거나 또는 거기서 나오는 유익은 하나님의 사랑을 확실히 아는
것과 양심이 평안한 것과 성령 안에서 얻는 기쁨과 은혜의 증진과 끝
까지 굳게 참는 것입니다.**

예수를 믿고 의롭게 된 우리들은 이 세상을 마치고 천국에 들어가는
복을 누림은 물론이고, 이 세상에 살아있는 동안에도 하나님께서 베푸
시는 은혜와 복을 누리게 됩니다.

1. 하나님의 사랑에 대한 확신

참 신자 모두가 언제나 이 구속이 주는 유익에 대한 확신을 갖고 있는
것은 아닙니다. 회심한지 얼마 되지 않는 사람은 자기가 하나님의 택하
신 자인지를 확신하지 못할 수도 있습니다. 따라서 신자가 믿자마자 확
신을 얻는다고 볼 수는 없습니다.
확신을 가진 사람이, 베드로나 다윗에게 임했던 그런 악 때문에, 하나

님께 대한 자신의 입장에 대해 의심하게 될 수도 있습니다. 그러나 하나님께서는 거듭나 회개하고, 의롭게 되고, 양자가 된 사람들을 결코 버리지 않으시기 때문에 잠시 동안 자기의 확신을 잊어버린 사람들도 다시 회복될 수 있습니다.

하나님께서는 어떤 참 신자가 일시적으로 마땅히 할 바를 하지 못할 때에라도 결코 그를 버리시지 않으십니다. 그러나 잘못을 범한 신자가 자신의 길을 돌이켜서 힘쓸 때까지는 그가 하나님께 속했다는 확신을 갖지 못합니다.

2. 성령 안에서의 평안과 기쁨

하나님의 사랑을 확실히 알고 구원의 확신을 가지는 것은 모든 신자들이 다 얻는 게 아닙니다. 예수님을 믿은 지 얼마 안 된 신자는 자신이 하나님께서 선택하신 사람이라는 것을 깨닫지 못할 수도 있습니다. 그 이유는 대체로 구원의 확신을 주는 성경을 몰라서입니다. 구원의 확신이 없는 신자들은 속히 주님의 은혜와 말씀 속에서 구원의 확신을 가져야 합니다.

신자가 근면하고 충성스러울 때 이 모든 유익들은 더 풍성하게 주어집니다. 그리고 다윗이 무서운 죄에 빠졌을 때, 다윗은 확신을 잃었을 뿐만 아니라 양심의 평안과 성령 안에서의 기쁨도 잃었던 것처럼, 만약 신자가 근면하지 못할 때 당분간 이 유익들을 상실하게 됩니다.

구원의 확신과 밀접한 관계가 있는 유익은 양심의 평안과 성령님 안에서의 기쁨입니다. 신자의 양심은 평안합니다. 또한 그리스도인들은 그리스도의 은혜에 의지하여 죄책감에서 해방되었기에, 주님의 은혜에 감사하며 하나님이 기뻐하시는 삶을 살려고 하기 때문에 늘 평안하고 기쁘게 살 수 있습니다. 그러나 죄를 지으면 구원의 확신을 잃고 양심의 평안과 기쁨도 잃게 됩니다.

3. 끝까지 인도하시는 은혜

한 번 선택받은 사람은 끝까지 구원을 받는다는 것을 성도의 견인이라고 합니다. 이 세상에서 교회에 다니는 모든 사람이 다 구원을 받는 것은 아닙니다. 하나님의 선택으로 진정한 신앙인이 된 사람만이 구원을 받습니다. 다시 말하면, 교회에 다닌다고 해도 하나님의 구원 예정이 그에게 없는 사람은 구원을 받을 수 없다는 말입니다(요일 2:19).

또한 성도의 견인은 신자가 무슨 짓을 해도 구원을 받는다는 뜻이 아닙니다. 물론 신자는 어떤 죄를 지어도 용서받고 구원받습니다. 신자는 회개로 마음의 변화를 받은 사람이기 때문에 아무 짓이나 할 수 없는 존재입니다. 신자는 비록 계속해서 넘어진다고 해도 다시 일어나 죄와 싸웁니다(요일 5:18). 성도의 견인 때문에 신자는 아무렇게나 살아도 구원받는다고 말하는 것은 신자의 삶과 구원을 왜곡하는 말입니다.

더구나 성도의 견인은 신자가 자기 노력으로 구원받는다는 뜻도 아닙니다. 물론 구원을 얻기 위해서 인내와 노력이 필요하고 선을 행하여야 합니다. 그러나 구원을 정하시는 분은 하나님이십니다.

구원과 함께 오는 유익은 모두 하나님으로부터 오지만, 그것이 저절로 우리에게 주어지는 것이 아닙니다. 신자는 항상 자기의 구원에 대해 확신하도록 노력해야 합니다.

"그러므로 형제들아 더욱 힘써 너희 부르심과 택하심을 굳게 하라 너희가 이것을 행한즉 언제든지 실족지 아니하리라"(벧후 1:10)

/ 말씀을 생각하며 /

오늘 배운 문답서의 요약

문 :

답 :

오늘 배운 말씀의 교훈

이번 주 나의 기도

나	
가정	
이웃	
교회	
기타	

제 30 과
죽음

"우리가 예수께서 죽으셨다가 다시 살아나심을 믿을진대
이와 같이 예수 안에서 자는 자들도
하나님이 저와 함께 데리고 오시리라"(살전 4:14)

찬송 / 235장

제37문 : 신자가 죽을 때 그리스도에게서 무슨 유익을 받습니까?
**답 : 신자가 죽을 때 그 영혼이 완전히 거룩하게 되어 즉시 영광중에 들
어가고, 그 몸은 여전히 그리스도께 연합하여 부활할 때까지 무덤에
서 쉬게 되는 것입니다.**

1. 영혼과 육체로 된 인간

하나님께서 인간을 창조하실 때 인간의 본성에 육체와 영혼이라는 두
면이 있도록 만드셨습니다. 죽음은 영혼과 육체가 서로 분리되는 사건
을 가리키는 말입니다.

사람이 몸과 영과 혼의 세 실체로 구성되었다고 주장하는 소위 '삼분
설'(三分說)과 영혼과 육신의 이분설(二分說)을 주장하는 견해가 있으
나, 이것은 영혼이라는 말을 영과 혼으로 분리해서 설명하려는 차이입니
다. 그러나 성경은 영과 혼을 영혼으로도 사용하며, 나누어서도 사용
하고 있으므로, 삼분설이나 이분설은 큰 차이가 없습니다. 또한 성경은
죽음과 관련하여 영과 혼의 구별 없이 사용하고 있습니다(눅 23:46, 행
7:59, 창 35:18, 눅 8:55, 왕상 17:21-22, 히 12:23, 계 20:4).

그러므로 영이 혼보다 고상한 기능을 하는 것이고, 혼은 보다 저급
한 기능을 하는 것이나, 영은 인간에게 쓰이고, 혼은 동물에게 사용하

는 것이라는 것도 옳지 않습니다. 그리고 영은 하나님과 관계하는 것이고, 혼은 사람과 관계하는 요소로 생각하는 것도 옳지 않습니다(신 6:5, 눅 1:46-47)

따라서 성경은 영과 혼은 구별 없이 사용하며, 그것들은 별개의 두 실체들이 아니고 한 실체를 가리키는 두 용어에 불과함이 분명합니다. 혹 삼분설로 사용하는 곳이 있어도 그것은 영과 혼을 반복한 경우라고 볼 수 있습니다.

2. 인간의 죽음의 의미

인간의 몸의 죽음은, 의학적으로 혹은 경험적으로는 심장의 박동 혹은 맥박이 멈추는 것 혹은 코의 호흡이 그치는 것을 의미하지만, 성경적으로는 영혼이 몸을 떠나가는 현상, 즉 몸과 영혼의 분리를 가리킵니다(전 3:20-21).

인간이 죽을 때 육체는 티끌로 돌아가서 썩게 됩니다. 이것은 신자이든 불신자이든 마찬가지입니다. 육체적인 죽음에서는 신자와 불신자 사이에 아무런 차이를 볼 수 없습니다.

신자의 죽음과 불신자의 죽음은, 신자의 영혼은 거룩하게 되어 즉시 영광으로 옮겨지지만, 불신자의 영혼은 즉시 지옥의 고통을 경험하기 시작합니다. 그리고 신자의 육체는 주께 속하며 영생되기까지 부활을 위해 보존되지만, 불신자의 육체는 주께 속하는 것이 아니고, 저주의 부활 때까지만 보존됩니다.

성도의 죽음은 죄의 형벌이 아닙니다. 그러므로 성도의 죽음은 단순히 슬프고 두려운 사건이 아닙니다. 성도는 죽은 후 그 영혼이 영광스런 천국에 들어가기 때문에 성도의 죽음은 오히려 기쁨과 기대와 소망의 사건입니다. 구원받은 성도들도 이 땅에서는 여러 가지 고난들을 경험합니다. 그러나 그러한 고난들은 단순히 슬픈 일들이 아니고 오히려 많은 유익이 있는 일들입니다. 고난은 성도의 인격을 단련시켜 줍니다. 성도의 죽음은 하나님께서 주시는 마지막 훈련의 과정과도 같습니다. 그것은 성도에게 더욱 깨어 있게 하고 더욱 주의 일에 힘쓰게 하는 큰 유익을 줍니다.

3. 죽은 후의 상태

사람의 몸이 죽은 후부터 부활 때까지의 영혼의 상태를 흔히 중간 상태(intermediate state)라고 부릅니다. 이것은 몸이 부활하는 최종적 상태와 비교한 표현입니다.

사람의 죽은 후 영혼의 상태는, 의인의 영혼들은 그때에 완전히 거룩해지며 가장 높은 하늘로 영접되는데, 거기서 그들은 빛과 영광중에 계신 하나님의 얼굴을 뵈오며 그들의 몸의 충만한 구속(救贖)을 기다리고, 악인의 영혼들은 지옥에 던지는데, 거기서 그들은 고통들과 전적인 어두움에 머물며 큰 날의 심판 때까지 보존됩니다. 성경은, 몸과 나누어진 영혼들을 위해, 이 두 장소들 외에 아무 것도 인정하지 않습니다.

성경은 의인들이 죽을 때 그 영혼들이 완전히 거룩해져서 천국에 들어가 영광중에 하나님과 함께 거하며, 거기서 몸의 구속(救贖)의 날을 기다린다고 말씀하고 있습니다(시 16:10-11). 그러나 악인들이 죽은 후 그 영혼이 지옥에 던져져서 고통의 형벌 중에 거하며 거기서 마지막 심판의 날을 기다린다고 증거합니다(사 24:23).

/ 말씀을 생각하며 /

오늘 배운 문답서의 요약

문 :

답 :

오늘 배운 말씀의 교훈

이번 주 나의 기도

나
가정
이웃
교회
기타

제 31 과
부활과 심판

"이를 놀랍게 여기지 말라 무덤 속에 있는 자가 다 그의 음성을
들을 때가 오나니 선한 일을 행한 자는 생명의 부활로,
악한 일을 행한 자는 심판의 부활로 나오리라"(요 5:28-29)

찬송 / 168장

제38문 : 신자가 부활할 때 그리스도에게서 어떤 유익을 받습니까?
**답 : 신자가 부활할 때 영광중에 다시 살아남을 입어 심판날에 밝히 인
정됨과, 죄없다 하심을 받고 완전히 복을 받아 영원토록 하나님을 흡
족하게 즐거워하는 것입니다.**

그리스도가 이 땅에 오셔서 온갖 고난을 당하시고, 십자가에 죽으시
고, 무덤에 이르시는 비하의 사건은 우리에게 큰 은혜입니다. 하나님
께서는 그리스도를 다시 살리셨고, 뛰어난 이름을 그에게 주사 생명의
주로 세우셨고, 승천하여 하나님 우편에 앉게 하셨습니다. 그리스도는
장차 심판의 주로 오실 것입니다. 이것이 그리스도의 높아지심입니다.
신학적인 용어로 승귀라는 말을 사용합니다. 그 높아지심의 첫 단계가
부활입니다.

1. 부활의 역사적 사실

그리스도의 부활을 성경 말씀대로 믿지 못하는 사람들이 세상에는 많
이 있습니다. 십자가의 죽음을 믿는다고 하면서도 막상 그리스도의 육
체적 부활을 믿지 못하는 사람들이 있습니다. 이들은 복음을 바르게 믿
지 못하는 사람들입니다. 그들은 그리스도의 부활이 사도들의 종교적

목적을 가진 거짓말이라고도 하고, 주님이 기절했다고 하고, 제자들이 환상을 보았다고도 하고, 주님의 시체를 훔쳐 갔다고도 하고, 신화화한 이야기라고도 합니다. 이렇게 부활의 사실성을 성경의 문자 그대로 믿지 못하는 사람들은 사실 복음을 왜곡하는 심각한 죄를 짓는 것입니다.

그리스도의 낮아지심도 공개적으로 이루어진 역사적 사건입니다. 따라서 주님의 부활도 공개적으로 이루어진 역사적 사건입니다. 바울은 고린도전서 15장에서 부활의 교리적 의미를 설명하기 전에 부활의 역사적 사실성을 논증했습니다(고전 15:3-9). 부활의 역사적 사실성이 부정되면 부활의 교리적 의미는 없어지는 것입니다.

2. 부활의 성격과 의미

그리스도의 부활은 육체적 부활입니다. 복음서들은 예수의 부활이 육체 부활이었음을 길게 증거하고 있습니다. 그의 주검이 없다든지, 그의 몸을 만진다든지(마 28:9, 요 20:17, 27), 본다든지, 듣는 것(요 20:16)으로 그리스도의 육체 부활을 증거하고 있습니다. 부활하신 주님은 "영은 살과 뼈가 없으되 너희 보는 바와 같이 나는 있느니라."(눅 24:39) 하셨습니다.

부활하신 주님은 먹을 수 있었습니다. 제자들 앞에서 물고기 한 마리를 잡수셨습니다(눅 24:42-43). 주님은 부활하신 사실과 함께 부활의 성격을 계시하셨습니다. 그러나 부활하신 주님은 몸은 돌아가시기 전의 몸과 다른 것을 우리에게 보려 주십니다. 그 몸은 '신령한 몸'(고전 15:44) 이었습니다. 죽음이라는 과정을 통과한 몸이었습니다. 그런 점에서 예전과 다른 육체였습니다.

문들을 닫았음에도 불구하고(요 20:19) 제자들이 있는 자리에 나타나신 사건은 부활하신 주님의 몸이 육체적인 제약을 초월하는 새로운 육체라는 것을 말해주고 있습니다. 주님의 부활하신 육체는 우리들에게 종말에 이루어질 영광스런 육체가 어떤 것인가를 보여주는 사건인 것입니다.

3. 부활은 메시야 선포

성경은 부활하신 분이 그리스도 자신이라는 것도 말하지만 그것도 훨씬 많이 하나님이 그를 일으키셨다는 사실을 말씀하고 있습니다. 이것은 하나님께서 예수가 우리의 구주라는 사실을 증거하는 것입니다. 그리스도의 부활은 마지막 원수가 격퇴되고, 죄 값이 완전히 청산되었으며, 생명의 약속에 따르는 모든 조건들이 그리스도의 십자가의 죽음으로 완전히 해결되었음을 선언하시는 사건입니다. 그리스도를 무덤에서 일으키지 않았다면 하나님은 그의 희생제사로도 만족할 수 없는 무엇이 있다는 것을 말하는 것입니다. 우리가 구원받을 모든 조건을 충분히 만족시키셨음을 하나님께서 공인하시는 사건입니다.

뿐만 아니라, 주님의 부활은 죽음의 권세를 이긴 종말에 있을 일반 부활의 시작을 의미합니다. 놀라운 종말론적인 새로운 생명의 질서, 곧 새로운 시대에 우리가 들어와 있음을 선언하는 의미가 있습니다. 바울 사도는 고린도전서 15:20에서 그리스도의 부활을 "잠자는 자들의 첫 열매"라고 묘사했습니다. 여기에서 우리는 그리스도와 우리가 유기적으로 연합된 생명적 질서 속에 있다는 것을 알 수 있습니다. 그리스도는 우리와 관계없이 자기 혼자 역사의 한 시점에서 사신 것이 아닙니다. 그는 죽은 자들 가운데서 일어나신 것입니다. 그의 부활은 하나님께서 종말에 행하실 죽은 자들을 일으키시는 부활 역사의 시작입니다.

/ 말씀을 생각하며 /

오늘 배운 문답서의 요약

> 문 :
>
>
> 답 :

오늘 배운 말씀의 교훈

이번 주 나의 기도

나
가정
이웃
교회
기타

제 32 과
제 1계명의 명령

"너는 나 외에는 다른 신들을 네게 두지 말라"(출 20:3)

찬송 / 35장

제45문 : 제 1계명이 무엇입니까?

답 : 제 1계명은 "너는 나 외에는 다른 신들을 네게 있게 말지니라" 하신 것입니다.

제46문 : 제 1계명이 명하는 것이 무엇입니까?

답 : 제 1계명이 우리에게 명하는 것은 하나님은 유일한 참 신이 되심과 우리 하나님 되심을 알고 승인하며 그대로 그에게 경배하며 영화롭게 하라 한 것입니다.

제47문 : 제 1계명이 금하는 것이 무엇입니까?

답 : 제 1계명이 금하는 것은 참 하나님을 하나님으로 알지 아니하거나 우리의 하나님으로 경배하지 않고 영화롭게도 하지 않고 그에게만 합당한 경배와 영화를 다른 이에게 드리는 것입니다.

제 1계명은 십계명 전체를 이끄는 머리와 같은 역할을 합니다. 다른 아홉 계명은 제 1계명의 다른 국면이라고 할 수 있습니다. 이 첫 계명에서 출발하지 않으면 하나님의 말씀을 하나도 지킬 수 없습니다.

구약 성경에 나타난 하나님의 율법 중 '하라'는 것과 '하지 말라'는 계명이 각각 몇 개씩이라고 하였습니까? (248개, 365개, 총613개) 이를 두 가지로 요약하면 "네 마음을 다하고 목숨을 다하고 뜻을 다하여 주 너희 하나님을 사랑하며, 네 이웃을 네 몸과 같이 사랑하라"는 것이었습니다(마 22:37-40). 롬 13:10에 사랑은 모든 율법의 완성이라고 하였습니다. 십계명을 포함한 성경의 모든 계명은 '사랑'이라는 단어 하나로 요약될 수가 있는 것입니다.

1. 오직 하나님만 섬겨야 합니다.

만약 우리가 돈, 지식, 권력 얻는 것이 인생의 목적이고, 하나님보다 이것들이 더 소중하다고 여긴다면 그것이 바로 1계명에서 말하는 다른 신이요, 우상인 것입니다. 하나님께서는 "하나님 앞에 다른 신 즉 재물이나 지식, 권력이나 명예, 그 외 세상적인 쾌락을 네 앞에 두지 말라"고 말씀하시는 것입니다. 왜 그렇게 말씀하셨을까요? 오직 하나님만이 경배 받으시기에 합당하신 분이시기 때문입니다.

다니엘의 세 친구 사드락과 메삭과 아벳느고가 있었습니다. 그들은 바벨론에 포로로 잡혀 온 사람들이었습니다. 바벨론의 느부갓네살 왕은 금으로 신상을 만들어 모두 그 앞에 절을 하도록 하였습니다. 만일 그 명령을 어기면 뜨거운 풀무불에 던질 것이라고 하였습니다. 그러나 다니엘의 세 친구들은 금신상 앞에 절하는 것을 거절하였습니다. 화가 난 왕은 풀무불의 온도를 7배나 뜨겁게 하여 그 가운데로 던지게 하였습니다. 그러나 하나님께서 저들의 머리카락 하나도 타지 아니하도록 보호해 주셨습니다.

하나님 앞에 다른 신을 두지 말라는 것은 우리로 하여금 신앙의 절개를 지키도록 요구하는 것입니다. 남편과 아내의 사이에 있어서 남편이 자기 아내에게 자기만 사랑하라고 하는 것이 폭언일 수가 없고, 여자가 한 남편만 사랑하는 것은 오히려 행복일 것입니다. 하나님만 사랑하고 그를 섬기라는 것은 우리와 아름다운 관계를 지속적으로 맺기 원하는 하나님의 크신 사랑입니다.

2. 제1계명이 우리에게 교훈하시는 내용

제1계명에서 하나님께서 우리에게 요구하는 것은 하나님은 유일한 참 신이 되심과 우리 하나님이 되심을 알고 믿으라는 것입니다. 이것은 하나님만이 우리의 절대적인 신뢰의 대상이 되어야 한다는 것이며, 그 외의 대용품은 안 된다는 것입니다.

우리가 세상의 것을 아무리 쫓아다녀도 목마름이 해갈되지 못합니다. 그러나 하나님만을 섬길 때에는 다음과 같은 신앙고백을 할 수 있게 될 것입니다. **"여호와는 나의 목자시니 내가 부족함이 없도다"**(아멘) 지금 내가 어떤 형편에 처해있든지 나에게는 부족함이 없다는 위대한 신앙고백인 것입니다.

하나님은 어떤 분이십니까? 출 34:7에 **"인자를 천대까지 베풀며 악과 과실과 죄를 용서하리라 그러나 벌을 면죄하지는 아니하고 아버지의 악행을 자손 삼사 대까지 보응하리라"** 회개할 자는 용서하시고 회개치 않으면 보응하시는 하나님이십니다. 이를 지식적으로 아는 것으로만 그쳐서는 부족합니다.

우리는 하나님과 전 인격적으로 만나는 체험이 있어야 합니다. 그 분의 능력과 성품을 알 뿐 아니라(知), 그 사랑을 가슴으로 느끼고(情), 그 분의 말씀대로 순종하는 것(意)입니다. 우리가 그 분을 인격적으로 만날 때 우리에게 자신을 보이시고 복 주십니다.

3. 오직 하나님만 경배하고 영화롭게 하는 것입니다.

우리는 하나님이 원하시는 방법대로 섬기며 살아야 합니다. **"나더러 주여 주여 하는 자마다 천국에 다 들어갈 것이 아니요 다만 하늘에 계신 내 아버지의 뜻대로 행하는 자라야 들어가리라"**(마 7:21)고 하셨습니다.

우리 각자의 여러 가지 삶의 모습을 차별 없이 사랑하십니다. 그렇기 때문에 하나님은 우리의 일부분을 원하시는 것이 아니라 전부를 원하십다.

그리고 하나님과 우리 사이에 막힌 것이 있으면 하나님의 사랑이 우리에게 온전하게 전달되지 못합니다. 그러므로 우리는 모든 죄를 회개하여야 합니다. 하나님은 질투하시는 하나님이십니다. 우리를 위하여 가장 소중한 독생자 예수 그리스도까지 다 주신 하나님은 우리 각 개인과 사랑하기를 원하십니다. 하나님이 우리를 사랑하신다면, 우리는 하나님을 영화롭게 해 드려야 합니다.

하나님을 영화롭게 하는 것에 대하여서는 소요리문답 제1문답에서 이미 설명한 바 있습니다. 먼저 하나님의 약속을 절대 신뢰하는 것입니다. 사 26:4에 "너희는 여호와를 영원히 의뢰하라 주 여호와는 영원한 반석이심이로다"라고 하였습니다.

다음으로 하나님을 영화롭게 한다는 것은 모든 축복에 대하여 감사하는 것입니다. 시 106:1에 "여호와께 감사하라 그는 선하시며 그 인자하심이 영원함이로다"라고 하였습니다.

우리의 모든 것의 목표가 하나님의 영광이 되어야 합니다. 돈을 버는 것, 명예와 권세를 지니는 것, 심지어 나의 자존심까지도 그것이 하나님과 관계가 없다면(하나님의 영광을 위한 것이 아니라면) 우리들의 삶의 목표는 하나님의 영광이 아니라 '우상'이 됩니다.

우리가 다른 신을 섬기면 하나님께서 질투와 진노를 격발하십니다(신 32:16). 하나님은 질투의 하나님이십니다. 질투는 사랑과 비례합니다. 우리를 사랑하시므로 다른 신을 섬기는 것을 참아 보지 못하시는 것입니다. 그리고 우상숭배자들은 유황불 못에 던지시겠다고 하셨습니다(계 21:8).

/ 말씀을 생각하며 /

오늘 배운 문답서의 요약

문 :

답 :

오늘 배운 말씀의 교훈

이번 주 나의 기도

나	
가정	
이웃	
교회	
기타	

제 33 과
제 2계명의 명령

"그들에게 이르되 내가 오늘날 너희에게 증언한 모든 말을
너희의 마음에 두고 너희의 자녀에게 명령하여
이 율법의 모든 말씀을 지켜 행하게 하라"(신 32:46)

찬송 / 204장

제49문 : 제 2계명이 무엇입니까?
**답 : 제 2계명은 "너를 위하여 새긴 우상을 만들지 말고 또 위로 하늘에
있는 것이나 아래로 땅에 있는 것이나 땅 아래 물 속에 있는 것의 아
무 형상이든지 만들지 말며 그것들에게 절하지 말며 그것들을 섬기
지 말라. 나 여호와 너의 하나님은 질투하는 하나님인즉 나를 미워
하는 자의 죄를 갚되 아비로부터 아들에게로 삼 사대까지 이르게 하
거니와 나를 사랑하고 내 계명을 지키는 자에게는 천대까지 은혜를
베푸느니라" 하신 것입니다.**

　사람은 보이지 않는 하나님으로는 뭔가 불충분하다고 생각하고 사람
의 눈에 보이는 확실한 형상을 만들어내려고 합니다. 눈에 보이지 않
으면 불안하기 때문에 불안을 없애기 위해서 형상을 만들어 놓고 안심
하려고 합니다.
　우리에게는 영원을 사모하는 마음이 있습니다. 인간이라면 누구나 신
을 찾고자 합니다. 우리 인간이 신을 찾는 것은 영적 본능인 것으로 우
리가 교육할 것도, 받을 것도 없지만 잘못된 신을 갖는 것에 대한 바른
교훈은 필요합니다.
　천지만물을 창조하시고 운행하시는 하나님, 우리의 아버지 되신 하나
님, 그 분을 바로 알고, 인정하며, 예배드리는 것이 다른 계명보다 우선
되고 중요한 것입니다. 만일 이것이 우선되지 않는다면 다른 어떤 행위

로도 하나님께 영광을 돌려드릴 수는 없는 것입니다.

제1계명이 예배 대상에 대하여 말씀하신 것이라면, 제2계명은 하나님을 올바로 섬기도록 예배 방법에 대하여 가르치고 있습니다.

1. 제2계명이 우리에게 명하시는 것이 무엇입니까?

소요리문답 제50문에 의하면 "제2계명이 명하는 것은 하나님이 그 말씀에 정하신 모든 예배를 받아 순종하며 깨끗하고 완전하게 지키라는 것이니라"고 하였습니다.

이것은 하나님께 예배하는 일은 언제까지나 하나님의 말씀에 정하신 대로 순종하며 깨끗하고 완전하게 지키라는 것입니다. 예배의 순서와 프로그램을 아무리 멋있게 구성하고 매끄럽게 진행하더라도 하나님께서 명하신 방법대로 드리는 예배가 아니라면 하나님께서 그 예배를 받지 아니하십니다.

사무엘상서 15:22에 "하나님 앞에서는 순종이 제사보다 낫고, 듣는 것이 수양의 기름보다 낫다"고 하였습니다. 사울왕은 하나님의 말씀에 불순종하여 하나님으로부터 버림을 받았습니다. 아론의 아들인 나답과 아비후는 제사를 드릴 때 하나님께서 금하신 불로 분향을 하다가 죽임을 당하였습니다. 이들은 모두 하나님의 말씀에 불순종하여 잘못된 제사를 드렸기 때문입니다.

그렇다면 오늘날 신약시대에 있어서는 어떤 예배가 합당하고 깨끗한 예배일까요?
 (1) 명하신 대로 성례를 행하고(마 28:19)
 (2) 신령과 진정으로 예배를 드리며(요 4:24, 신 6:5)
 (3) 몸으로 산 제사를 드리며(롬 12:1)
 (4) 말씀을 연구하며, 주시하여 듣고 가르치며(행 15:21, 딤후 4:2)
 (5) 말씀을 지켜 파수하며(엡 4:11,22, 고전 5 :17)

(6) 금식, 금욕하며(욜 2:12, 고전 7:5)

(7) 서약하여 지키며(잠 16:4)

(8) 거짓 예배와 우상숭배를 제거하는 것입니다.(행 17:16-17)

2. 제2계명에서 우리에게 금하는 것이 무엇입니까?

소요리 문답 제51문에 의하면, "**제2계명에서 금하는 것은 형상으로 하나님을 예배하거나 그의 말씀 가운데 정하지 아니한 다른 어떤 방법으로 예배하는 것**"이라고 되어있습니다.

우상에는 두 종류가 있습니다. 눈에 보이는 우상과 눈에 보이지 않는 우상입니다. 먼저 성경에 나타난 보이는 우상은 아세라 여신상(풍요의 신), 몰록 우상(형통케 해준다는 신으로 반은 동물, 반은 사람 모양임), 아론이 만든 금송아지(앞길을 인도하는 신), 애굽 사람이 섬기는 새와 곤충, 물고기 형상의 우상 등이 있습니다. 이와 같이 눈에 보이는 우상에는 사람의 손으로 만든 것 뿐 아니라 일월성신(日月星辰; 해, 달, 별)과 같은 자연을 숭배하는 것도 포함됩니다.

또한 눈에 보이지 않는 무형의 우상도 있습니다. 하나님 이외의 것을 하나님보다 더 사랑하는 것은 모두 우상입니다. 사도 바울은 "**탐심은 곧 우상숭배**"(골 3:5)라고 지적하였습니다. 하나님을 경배함에 있어서 눈에 보이는 어떤 형상으로 하지 말라(신 4:15-19)고 말씀하셨습니다. 뿐만 아니라 하나님의 말씀 외에 다른 방법으로 하지 말라는 말씀입니다. 그 무엇도 하나님과 동등하게 생각하지 말라는 것이요(신 4:2, 계 22:19), 영적 권위를 업신여기지 말라는 것입니다(행 8:18, 유 10, 롬 14:4).

3. 우리가 왜 제2계명을 지켜야 할까요?

소요리문답 제52문에 의하면 "제2계명을 지키라 한 이유는 하나님께서 우리의 주재가 되시며 우리의 소유주가 되시며 홀로 자기에게만 경배하는 것을 열망하는 것"이라고 하였습니다.

십계명 제2계명 후반부에 "나 여호와 너의 하나님은 질투하는 하나님"이라고 하셨습니다. 그래서 하나님께서는 "나를 미워하는 자의 죄를 갚되 아비로부터 아들에게로 삼사 대까지 이르게 하거니와, 나를 사랑하고 내 계명을 지키는 자에게는 천 대까지 은혜를 베푸느니라"고 말씀하셨습니다.

하나님께서는 우주 만물을 창조하시고, 또한 우리 인생을 창조하셨습니다. 피조물인 우리 인생들은 우리를 지으시고 다스리시는 하나님만을 섬기고 살아가야 합니다. 결코 우리 인간의 생각으로 하나님의 형상을 만드는 것은 잘못된 것입니다.

그리고 우리는 하나님의 소유입니다. 소유물은 주인의 의도대로 사용되어야 가치가 인정됩니다. 시계는 시간을 정확하게 가르쳐 주어야 하고, 마이크는 육성을 더 크고 깨끗하게 확장시켜 주어야 합니다. 그래야 시계나 마이크를 만든 사람을 기쁘게 합니다. 하나님께서는 우리 인생을 지으시고 우리를 통하여 찬송받기 원하시고 예배받기를 원하십니다. 하나님 외에 다른 신을 두거나, 우상을 만들어 섬기는 것을 하나님께서 금하셨습니다.

우리는 모두 주님의 것입니다. 우리를 지으셨기 때문이요, 또한 우리를 구속하셨기 때문입니다. 그러므로 우리는 하나님의 말씀을 따라 순종하여야 합니다.

이제 우리는 하나님을 위하여 우리 자신을 드려야 합니다. 우리가 자신을 하나님께 드리기만 하면, 하나님께서는 강한 팔로 우리를 붙잡아 주시고, 우리의 인생을 주관하셔서 복받는 삶으로 만들어 주실 것입니다. 그러나 마귀의 손에 붙들리면 죄의 열매를 맺을 수밖에 없습니다. 누가 나를 붙잡고 사용하시느냐에 따라 우리의 인생이 달라집니다.

/ 말씀을 생각하며 /

오늘 배운 문답서의 요약

문:

답:

오늘 배운 말씀의 교훈

이번 주 나의 기도

나
가정
이웃
교회
기타

제 34 과
제 3계명의 명령

"네가 만일 이 책에 기록한 이 율법의 모든 말씀을
지켜 행하지 아니하고 네 하나님 여호와라 하는 영화롭고
두려운 이름을 경외하지 아니하면"(신 28:58)

찬송 / 42장

제53문 : 제 3계명이 무엇입니까?

**답 : 제 3계명은 "너는 너의 하나님 여호와의 이름을 망령되이 일컫지
말라. 나 여호와는 나의 이름을 망령되이 일컫는 자를 죄 없다 하지
아니하리라" 하신 것입니다.**

'망령되이'란 말은 '거짓된, 헛되게 하는, 낭비하는, 쓸데없도록 만드
는, 소홀하게, 생각 없이'라 의미입니다. '망령되이 일컫는다'는 말은
그의 이름을 헛되게 만드는 것입니다. 따라서 하나님의 이름을 망령되
이 일컫는다는 것은 하나님의 능력과 권능 하시는 일을 모두 무시해 버
리는 죄를 범하는 것입니다.

1. 망령되이 일컬음에 해당하는 것은 무엇인가?

습관적으로 찬송하고 하나님과 관계없는 기도, 내 자신의 이익과 남
을 비난하고 힐난하는 기도, 아까워서 억지로 내는 헌금, 자기 열광과
감정에 도취되어 부르는 찬송, 예배하는 자세가 타성(습관적)에 젖어있
는 것들은 올바른 예배의 자세가 아니며 또한 하나님의 이름을 망령되
어(헛되이) 하는 것입니다.

하나님의 말씀을 듣거나 읽을 때에는 하나님 앞에 선 것과 같은 경건

한 자세로 임해야 하는데 그렇지 못할 때에는 하나님의 이름을 모욕하는 것입니다. 뿐만 아니라 이 세상에서 아무리 선을 행하고 봉사를 많이 해도 하나님을 향한 사랑의 마음이 없다면 하나님의 이름을 망령되이 일컫는 것입니다.

따라서 하나님 여호와의 이름을 망령되게 일컫는다는 것은 거룩하신 하나님의 이름을 함부로 부르거나, 자신의 이익을 위하여 악용하거나 잘못 사용하는 것을 말합니다.

이와 같이 하나님을 믿는 우리들의 잘못된 언행으로 하나님의 이름이 욕을 먹게 된다면 하나님께서 '죄 없다 아니하리라'고 말씀하셨습니다. 반드시 죄를 물으시고 죄 값을 치르게 하시겠다는 말씀입니다.

2. 하나님의 이름을 악용하지 말아야 합니다.

제3계명에서 금하는 것은 하나님이 자기를 나타내신 것이 무엇이든지 훼방하거나 악용하지 말라는 것입니다.

하나님의 이름을 모독하는 사례는 하나님을 믿지 않는 사람들 사이에서 얼마든지 발생할 수 있습니다. 성경에서도 그런 사례들이 있는데 사무엘상 17장에 보면 블레셋의 장군 골리앗이 등장합니다. 그는 이스라엘군 진영 앞까지 나와서 하나님을 모독하는 말로 사울왕과 이스라엘 사람들에게 싸움을 걸었습니다. 그 말을 듣고 사울왕과 이스라엘 군대가 벌벌 떨고 있었습니다. 그 때 아버지의 심부름을 왔던 나이어린 다윗이 그 소리를 듣고 분노하였습니다. 하나님을 모독하던 골리앗 장군은 어린 소년 다윗이 던진 돌이 이마에 박혀 죽고 말았습니다.

우리는 무심코 하나님의 이름을 불경건하게 사용하는 경우를 발견합니다. 우리는 우리 자신의 언행을 자세히 살펴 이런 죄를 범하지 않도록 주의해야 할 것입니다. 우리는 부지중에라도 하나님의 이름을 모독적으로 사용하지 않도록 해야 할 것입니다.

3. 하나님의 이름을 남용하지 말아야 합니다.

더구나 하나님의 이름을 남용하는 것은 하나님의 이름을 모독하는 것입니다. 쓸데없이 너무 자주 하나님의 이름을 사용하여 하나님의 신성에 손상을 끼치는 것입니다. 어떤 사람은 습관적으로 "주여, 주여."라고 합니다. 누가 툭 치기만 해도 자동적으로 "주여"라는 말이 나옵니다. 믿음이 매우 좋은 사람처럼 보입니다. 그런데 저들의 삶이 다른 사람들에게서 빛과 소금의 사명을 감당하지 못하고 맛을 잃은 소금처럼 되어 밖에 버려져서 밟히거나, 사람들의 손가락질을 받게 된다면 이는 하나님의 이름을 망령되게 일컫는 것과 같은 결과를 초래하는 것입니다.

오늘날에도 많은 사람들이 주의 이름으로 봉사하고, 구제하고, 사역을 하고 있습니다. 저희 교회에서도 참으로 헌신적으로 섬기고 봉사하는 분들이 있습니다. 그러나 그 사역과 봉사가 하나님의 뜻이 아니라 자신의 뜻을 이루고 자신이 영광을 받기 위한 것이라면 이는 하나님 앞에서는 불법을 행하는 것입니다. 자신의 영광을 위하여 하나님의 이름을 도용하고 남용한 것은 바로 제3계명을 어긴 것과 같다는 것입니다.

그것은 우리가 하나님의 백성으로서 하나님의 이름을 사용할 때에는 하나님의 인격에 손상이 가지 않도록 그 이름에 합당한 생활을 해야 합니다. 이를 통하여 하나님께 영광을 돌려 드려야 합니다. "하나님을 믿는 사람들은 확실히 뭔가 다르다." 라는 칭찬을 받아야 합니다. 하나님의 백성들은 매사에 하나님의 영광이 가리지 않도록 조심스럽게 말하고 살아가야 합니다.

/ 말씀을 생각하며 /

오늘 배운 문답서의 요약

문 :

답 :

오늘 배운 말씀의 교훈

이번 주 나의 기도

나
가정
이웃
교회
기타

제 35 과
제 4계명의 명령

"하나님이 그가 하시던 일을 일곱째 날에 마치시니 그가 하시던
모든 일을 그치고 일곱째 날에 안식하시니라 하나님이 그 일곱째 날을
복되게 하사 거룩하게 하셨으니 이는 하나님이 그 창조하시며 만드시던
모든 일을 마치고 그 날에 안식하셨음이니라"(창 2:2-3)

찬송 / 43장

제57문 : 제 4계명이 무엇입니까?
답 : 제 4계명은 "안식일을 기억하여 거룩히 지키라. 엿새 동안은 힘써
네 모든 일을 행할 것이나 제 칠일은 너의 하나님 여호와의 안식일
인즉 너나 네 아들이나 네 딸이나 네 남종이나 여종이나 네 육축이
나 네 문 안에 유하는 객이라도 아무 일도 하지 말라. 이는 엿새 동안
에 나 여호와가 하늘과 땅과 바다와 그 가운데 모든 것을 만들고 제
칠일에 쉬었음이라. 그러므로 나 여호와가 안식일을 복되게 하여 그
날을 거룩하게 하였느니라" 하신 것입니다.

"안식"이라는 말은 일을 그만둔 결과로써 얻어지는 것을 말합니다. 6
일간 창조의 사역을 하시고 하루 쉬신 후 8일째부터 창조의 사역을 다
시 계속하신 것이 아니라 그의 창조사역을 완성하셨고, 이제는 보존과
구원의 사역을 계속하고 계십니다. 요즈음처럼 바쁘게 살아가는 현대
인들에게 있어서 가장 부담스러운 계명 중의 하나가 "안식일을 기억하
여 거룩하게 지키라"는 계명일 것입니다.

1. 안식일의 의미

안식일은 하나님의 창조사역에서 비롯됩니다. 하나님께서 엿새 동안

하늘과 땅과 바다와 그 가운데 만물을 창조하셨습니다. 창조사역을 마치신 후에 하나님께서는 일곱째 되는 날을 거룩하게 구별하시고 복을 주셔서 안식일로 지키게 하셨습니다(창 2:1-3).

안식일은 창조주 되신 하나님께서 제정하신 것으로 하나님께서 창조사역을 마치시고 쉬신 날이요, 우리 인생들에게 복 주시는 날입니다. 한편 죄로 인하여 죽을 수밖에 없는 자리에서 구원하여 인도하신 하나님께서 우리에게 명하여 안식케 하신 날이기도 합니다.

따라서 안식일은 단순하게 노는 날이 아닙니다. 내 마음대로 보내어도 괜찮은 날이 아닌 것입니다. 이 날은 하나님의 날입니다. 죄인인 우리가 하나님과 교제하는 날입니다. 하나님께 경배하며 예배를 드리는 날입니다. 이 날은 앞으로 다가올 내세의 영광을 바라보며 이 땅에서도 천국의 기쁨을 맛보는 날입니다. 하나님께서 주시는 은혜를 받는 날입니다. 심령에 평안을 얻는 날입니다. 그리고 신령한 힘을 공급받는 날이요, 즐거운 날입니다.

2. 어떻게 안식일을 거룩하게 지킵니까?

하나님께서는 사람들에게 행복과 안식을 주시기 위하여 안식일을 주셨는데 오히려 사람들은 이 계명을 사람을 억압하고 구속하는 율법으로 바꾸어 놓은 것입니다. 예수님께서 마가복음 2:27에서 **"안식일은 사람을 위하여 있는 것이요, 사람이 안식일을 위하여 있는 것이 아니니"**라고 하셨습니다.

예수님 당시 유대인들은 자기들이 만들고 지키는 계명으로 예수님의 사역을 비난하고 정죄하였습니다. 안식일에 제자들이 밀 이삭을 비벼 먹는 것과, 예수님께서 안식일 날 한쪽 손이 마른 자를 고치시는 것을 보고 안식일을 범하였다고 정죄하였습니다. 그러나 예수님께서는 안식일에 선을 행하는 것이 옳다고 말씀하셨습니다. 예수님께서는 하나님의 율법과 계명을 사랑이 아니라 다른 사람을 정죄하고, 무거운 짐으로 옭아매는 저들을 책망하셨습니다.

"안식일을 거룩하게 지키라"는 것은 결코 우리를 구속하기 위한 것이 아닙니다. 우리의 마음이 오직 하나님을 향하여 살며, 하나님의 말씀을 듣고 경배하면서 살라는 것입니다. 이런 근본적인 원리를 이해한 후에 이 계명을 우리의 구체적인 삶에 적용을 해야 합니다.

3. 주일을 거룩하게 지키는 자세는 무엇입니까?

성경 본문은 먼저 "엿새동안 힘써 네 모든 일을 하고" 그 후에 안식일을 거룩하게 지키라고 하였습니다. 그런 차원에서 본다면 제4계명은 주일 하루에만 국한된 계명이 아니라는 사실을 발견할 수 있습니다.

우리가 엿새동안 빈둥빈둥 놀다가 주일날 교회에 나와서 주일을 지킨다면 그것은 온전하게 주일을 성수하는 것이 아닙니다. 주일을 잘 지키기 위하여 엿새동안 힘써 우리가 맡은 일을 해야 합니다. 미리 집안 청소도 하고, 식사 준비도 해 놓고, 밀린 일을 끝내야만 합니다. 이런 일을 주일날에 하겠다고 미루는 것은 옳지 않습니다.

특히 예수님을 믿는 사람은 주일을 잘 지키기 위하여 엿새동안 모든 일에 최선을 다해야 합니다. 남들이 7일 동안 하는 일을 6일 만에 해야 하니 예수님을 믿는 사람들은 누구보다 부지런해야 합니다.

한편 주일날이 되면 모든 공적 예배에 참석해야 합니다. 오전예배를 드리는 것만으로 자신의 도리를 다하였다고 생각하면 잘못입니다. 우리는 주님을 위해, 주님처럼 남을 섬기는 일을 하고, 영혼을 구원하는 일을 해야 합니다.

"안식일을 지켜 더럽히지 아니하며 그의 손을 금하여 모든 악을 행하지 아니하여야 하나니 이와 같이 하는 사람, 이와 같이 굳게 잡는 사람은 복이 있느니라"(이사야 56:2)

/ 말씀을 생각하며 /

오늘 배운 문답서의 요약

문 :

답 :

오늘 배운 말씀의 교훈

이번 주 나의 기도

나	
가정	
이웃	
교회	
기타	

제 36 과
제 5계명

"네 부모를 공경하라 그리하면 네 하나님 여호와가 네게 준 땅에서
네 생명이 길리라"(출 20:12)

"하나님이 이르셨으되 네 부모를 공경하라 하시고 또 아버지나
어머니를 비방하는 자는 반드시 죽임을 당하리라 하셨거늘"(마 15:4)

찬송 / 576장

제63문 : 제 5계명은 무엇입니까?
**답 : 제 5계명은 "네 부모를 공경하라. 그리하면 너의 하나님 나 여호와
가 네게 준 땅에서 네 생명이 길리라" 하신 것입니다.**

가장 기본적인 인간관계, 곧 부모와 자식의 관계를 '공경해야 하는
것'으로 설정하여 부모와 권위에 합당하게 존경하도록 교훈하고, 그 관
계를 밖으로 확대하여 하나님이 내신 국가와 지도자, 또는 상사 그리고
형제와 동료를 아끼고 따르는 수평적 윤리규범으로 이 계명을 제시하
고 있습니다. 뿐만 아니라 더 나아가 하나님을 올바르게 공경하는 방법
에까지 이르게 합니다.

1. 공경의 의미

"공경"이란 말은 '무거운, 중요하게 여기는' 이라는 뜻이 있습니다.
곧 부모를 대할 때 소중하게 여기고 존경하되 아주 무겁게 여기라는 말
입니다. 이렇게 자녀 된 자가 해야 하는 것은 형편과 처지에 맞춰 할 만
하면 행하고 어려우면 그만 두는 것이 아니라 **"너희 하나님 여호와께서
너희에게 명하신대로"** 해야 하는 절대의무인 것입니다.

공경은 순종에서 나타납니다. 그리고 이 순종은 사랑과 존경과 감사하는 마음으로부터 우러나와야 할 뿐만 아니라 특별히 주 예수 그리스도를 경외하는 마음(곧 '주 안에서')으로 해야 합니다.

자녀들이 장성하여도 부모들을 봉양하지 않음으로 인하여 매우 우울한 노년을 보내고 있으며, 때로는 부모를 모시는 문제로 인하여 형제간에 다툼이 발생하는 슬픈 장면을 목격해야 하는 형편입니다.

하나님께서 인간을 창조하시고 심히 기뻐하시면서 창세기 1:28에 "**생육하고 번성하여 땅에 충만하라**"고 축복하셨습니다. 하나님께서 최초로 창조하신 공동생활체는 바로 가정이며, 이 가정의 중심에 아담을 세우셨습니다.

2. 부모 공경은 하나님의 명령입니다.

십계명에서 모든 이스라엘 백성들이 부모를 공경해야 할 것과, 부모를 거역하는 자는 돌로 치라고 명령하고 있습니다. 눈에 보이는 부모를 공경하지 못하면서 눈에 보이는 하나님을 공경할 수가 없습니다.

육신의 부모는 우리에게 생명과 육체를 전달한 분입니다. 어려서 부모와 헤어진 자녀가 장성한 사람이 되어서 만나는 장면을 TV를 통해 보면서 감탄하는 것은 "어쩜 저렇게 붕어빵일까?" 하는 것입니다. 우리는 우리 부모님의 피와 외모와 골격과 성격까지 닮은 채 이 땅에 태어나는 것입니다.

또한 육신의 부모는 자녀를 위하여 온갖 희생을 아끼지 아니하셨습니다. 아기가 태어난 순간부터 제대로 잠을 자지도 못하고 아기를 돌보고, 희생적으로 아기를 위하여 뒷바라지를 합니다. 자신을 위해서는 한없이 인색하면서도 자녀를 위해서라면 무엇이든지 아끼지 아니하고 주는 것이 부모님들입니다. 자녀들로부터는 아무 것도 그 보상을 바라지 않고 순수한 사랑으로 돌보는 것입니다. 이러한 부모님을 공경하고 사랑하고 순종하는 것은 마땅한 것이요, 하나님의 명령입니다.

3. 예수 그리스도께서도 본을 보여주셨기 때문입니다.

예수님께서는 가정을 소중히 여기셨습니다. 그리고 예수님께서 최초로 기적을 베푸신 현장도 가나의 혼인잔치였습니다. 신앙생활을 잘 하는 사람일수록 가정을 소중히 여기고 부모를 불신자들보다 더 잘 공경하는 것이 필요합니다.

그런데 예수님 당시에 유대인들에게 소위 '고르반'이라는 전통이 있었습니다. 막7:11에 그 내용이 나오는데 이는 내가 부모님을 봉양해야 하지만 나의 모든 것을 하나님께 드렸다라고 말하기만 하면 육신의 부모를 돌보지 않아도 죄가 되지 않는다는 것입니다. 예수님께서는 이러한 고르반 제도에 대하여 크게 책망하셨습니다.

예수님께서는 마음과 뜻과 정성을 다하여 하나님을 사랑하고, 네 이웃을 내 몸과 같이 사랑하는 것이 모든 율법과 선지자의 대강령이라고 말씀하셨습니다. 그런데 당시 유대인들은 하나님과의 관계만 중요하다고 생각하였고, 육신의 부모에 대하여 등한시하는 것을 죄라고 여기지 않았던 것입니다.

연장자나 내 위에서 나를 다스리고 지도하는 사람이 무섭거나 그 권위에 눌려서 순종하는 것이 아니라 이런 권세를 내신 분이 하나님이시기 때문에 순종해야 하는 것입니다. 우리의 참된 상전은 오직 하나님 뿐이요, 우리 모두는 그의 종입니다. 이 깨달음이 있을 때에라야만 우리가 어떤 경우이든 사람을 기쁘게 하는 차원이 아닌 '그리스도의 종들처럼 마음으로 하나님의 뜻을 행하고, 단 마음으로 피차 섬기기를 주께 하듯' 할 수 있게 됩니다.

/ 말씀을 생각하며 /

오늘 배운 문답서의 요약

문 :

답 :

오늘 배운 말씀의 교훈

이번 주 나의 기도

나	
가정	
이웃	
교회	
기타	

제 37 과
살인하지 말라

"다른 사람의 피를 흘리면 그 사람의 피로 흘릴 것이니 이는
하나님이 자기 형상대로 사람을 지으셨음이니라"(창 9:6)

"살인하지 말라"(출 20:13)

찬송 / 218장

제67문 : 제 6계명은 무엇입니까?
답 : 제 6계명은 "살인하지 말지니라" 하신 것입니다.

하나님께서 천지만물을 창조하실 때 생명이 있는 동물과 물고기, 새
들을 만드셨습니다. 그 중에서도 특히 우리 인간은 하나님의 형상을 따
라 지으셨고, 하나님께서 직접 코에 생기를 불어넣어 "생령" 즉 살아있
는 영적인 존재가 되게 하였습니다. 그래서 사람의 생명은 다른 생물
의 그것과는 차원이 다른 소중한 것입니다. 사람의 생명은 참으로 소
중한 것입니다.

1. 살인은 어디서부터 오는 것일까요?

살인죄는 마귀로부터 시작된 것입니다. 마귀가 사람을 미혹하여 그
마음속에 욕심을 불어넣고, 이로 인하여 미움과 다툼이 생기게 하여 마
침내 생명을 빼앗고 피를 흘리게 하는 살인에까지 이르게 한다는 것입
니다.

살인이 처음에는 매우 작은 탐심에서 비롯됩니다. 다른 사람의 유익보
다는 자신의 유익만을 먼저 추구하여 자기의 만족을 채우려고 하다 보니

다른 사람과 마찰과 충동이 생깁니다. 이 때 미움이 생기게 되고, 미운 감정이 점점 발전하여 상대방을 죽이고 싶은 마음으로까지 성장하게 됩니다. 그러다가 마침내 행동으로 나타나게 되는 것입니다.

가인은 농사짓는 사람이었기에 곡식을 거두어 하나님께 제사를 드렸고, 아벨은 양치는 자였으므로 어린 양을 제물로 제사를 드렸습니다. 그런데 하나님께서 가인의 제사는 받지 않으시고 아벨의 제사만 받으셨습니다. 그 때 아벨은 '심히 분하여 안색이 변하였다'고 기록하고 있습니다. 왜 안색이 변하였을까요? 먼저 자신의 제사를 받지 않으신 하나님께 대한 원망이 있었을 것입니다. 이와 함께 동생 아벨에 대한 질투와 미움이 가인의 마음에 싹트기 시작한 것입니다. 이런 생각이 마침내 동생 아벨을 죽이는 무서운 살인의 죄로 발전하게 된 것입니다.

"그 형제를 미워하는 자마다 살인하는 자니 살인하는 자마다 영생이 그 속에 거하지 아니하는 것을 우리가 아는 바라"(요일 3:15)

여러분들의 마음속에 어떤 사람에 대하여 미워하는 마음이 있다면 회개하십시오. 미움의 감정은 미움의 대상자보다 먼저 내 심령이 죽고 병들게 하기 때문입니다.

2. 살인의 종류는?

살인의 종류에는 크게 두 가지가 있습니다. 그것은 '직접 살인'과 '간접 살인'입니다. 직접 살인이란 폭력을 이용하여 고의적으로 사람을 죽이는 행위를 말합니다. 이에 반하여 겉으로 드러나지 않으면서 많은 사람의 생명을 서서히 죽음으로 이르게 하는 간접 살인도 있습니다. 간접 살인에는 다른 사람의 인격을 손상시키거나, 과도한 스트레스를 부과하여 삶의 의욕을 잃게 하는 것, 무절제한 삶, 음주, 흡연, 마약을 하는 행위 등이 여기에 해당됩니다. 우리의 삶 속에 이런 요소들이 있다면 회개하시기 바랍니다.

오히려 우리 성도들은 성 프란시스코의 기도문처럼 평화의 도구로 쓰임받아야 합니다. 미움이 있는 곳에 사랑을 주고, 슬픔이 있는 곳에 기쁨을 주고, 분열이 있는 곳에 일치를 도모하며, 절망이 있는 곳에 희망을 주는 삶을 살아가야 할 것입니다.

3. 제 6계명의 교훈은?

마태복음 22장에 보면 한 율법사가 예수님을 시험하여 질문을 합니다. **"선생님 율법 중에서 어느 계명이 크니이까"**(마 22:36). 이에 대하여 예수님께서 대답하셨습니다. **"네 마음을 다하고 목숨을 다하고 뜻을 다하여 주 너의 하나님을 사랑하라 하셨으니 이것이 크고 첫째 되는 계명이요 둘째도 그와 같으니 네 이웃을 네 자신 같이 사랑하라 하셨으니 이 두 계명이 온 율법과 선지자의 강령이니라"**(마 22:37-40)고 하셨습니다.

내 생명이 소중하다면 다른 사람의 생명도 소중하게 여기고 사랑하라는 것입니다. 자신의 몸이 아프면 아무리 돈이 없고 어려워도 좋은 병원을 찾아가서 치료받고, 약을 사 먹고, 운동도 열심히 하지 않습니까? 그런데 우리가 다른 사람의 아픔에 대하여 전혀 무관심하다면 우리는 하나님의 계명을 어기는 것이 됩니다.

하나님께서 천지만물을 창조하신 원리는 서로 사랑하는 것이었습니다. 죄로 물든 인간의 본성이라 할지라도 우리가 성령 충만함을 입게 되면, 성령님께서 우리의 생각과 삶을 인도하셔서 하나님의 창조 원리를 따라 사랑하며 살아갈 수가 있게 될 것입니다. 우리의 몸은 성령님께서 거하시는 성전이라고 하였습니다. 우리 마음속에 성령님께서 찾아오시도록 사모하고 기도해야 합니다.

/ 말씀을 생각하며 /

오늘 배운 문답서의 요약

문 :

답 :

오늘 배운 말씀의 교훈

이번 주 나의 기도

나	
가정	
이웃	
교회	
기타	

제 38 과
간음하지 말라

"음행과 온갖 더러운 것과 탐욕은 너희 중에서 그 이름조차도
부르지 말라 이는 성도에게 마땅한 바니라 누추함과 어리석은 말이나
희롱의 말이 마땅치 아니하니 오히려 감사하는 말을 하라"(엡 5:3-4)

찬송 / 175장

제70문 : 제 7계명이 무엇입니까?
답 : 제 7계명은 "간음하지 말지니라" 하신 것입니다.

죄는 처음에는 죄가 아닌 듯이 우리에게 다가옵니다. 특히 간음죄가 처음에는 '순결하고 진실한 사랑'이란 이름으로 다가와서 우리의 마음 속에 파고 들어옵니다. 세상 풍조가 아무리 바뀌어도 결코 우리가 지켜야 할 것은 "간음하지 말라"는 하나님의 계명입니다. 그러면 제 7계명이 가르치는 것은 무엇일까요?

1. 마음의 정조를 지키라는 것입니다.

"여자를 보고 음욕을 품은 자마다 이미 마음에 간음하였느니라"(마 5:28).

유대인들의 탈무드에 이런 격언이 있습니다. "새가 머리 위로 날아가는 것은 막을 수 없지만, 머리 위에 둥지를 틀게 하지는 말라"는 것입니다. 순간적으로 죄악 된 생각이 스치고 지나가는 것은 막을 수 없지만, 그 생각을 자신의 마음속에 담아두게 되면 죄악 된 행동으로 발전되어 진다는 것입니다. 미움의 생각을 품으면 살인하게 되고, 음욕을 품으면 간음으로 발전하게 된다는 것입니다.

이와 같이 우리가 마음의 정조를 지키기 위하여 먼저 우리는 이성에 대하여 가족과 같이 사랑해야 하며, 예수 그리스도 안에서 사랑의 마음을 품어야만 합니다. 교회 밖에서도 그러해야 하지만, 특히 교회 안에서 성도들 상호간에 이러한 마음의 정조를 잘 지켜야만 합니다.

그리고 음란한 생각, 음란한 말을 하지 말고, 우리가 보는 것을 삼가야 합니다. 우리가 무엇을 보느냐에 따라 우리의 생각과 행동은 직접적인 영향을 받습니다. 음란한 비디오, 음란 잡지, 은란하고 폭력적인 TV 드라마나 음란한 인터넷 등을 보지 않아야 합니다. 그래야 우리의 마음을 지킬 수가 있습니다.

2. 몸의 순결을 지키라는 것입니다.

하나님께서는 아담이 혼자 있는 것을 보시고 '사람이 혼자 있는 것이 좋지 못하니 그를 위하여 돕는 배필을 지으리라'고 하시고 하와를 만드시고 하나님께서는 '남자가 부모를 떠나 그 아내와 연합하여 둘이 한 몸을 이룰지로다' 라고 하셨습니다. '성적 욕구' 자체도 하나님이 창조하신 것이기 때문에 성적 욕망이 잘못된 것이 아닙니다. 다만 하나님께서 정하신대로 이 욕망을 채우지 않는 것이 죄인 것입니다.

몸의 순결을 지켜야한다는 것은 우리가 결혼 전에 이성과 성관계를 가지거나, 결혼한 이후 부부 이외에는 가까이 하지 않는 것을 포함합니다.

다른 죄는 모두 몸밖에 짓는 것이지만 간음죄는 자기 몸에 죄를 범하는 것입니다. 우리는 하나님의 형상을 따라 지음 받은 거룩한 존재입니다. 그러므로 우리의 몸은 우리의 것이 아니라 하나님의 성령이 거하시는 거룩한 성전입니다.

고린도 전서 3장 16절에 "너희가 하나님의 성전인 것과 성령이 너희 안에 거하시는 것을 알지 못하느냐" 라고 하였습니다.

고린도 전서 6장 18절에 "음행을 피하라 사람이 범하는 죄마다 몸 밖에 있거니와 음행하는 자는 자기 몸에 죄를 범하느니라"고 하였습니다. 그렇습니다. 우리는 성령님이 거주하시는 성전인 우리의 몸을 더럽혀서는 안 될 것입니다.

3. 영적 순결을 보전하라는 것입니다.

하나님께서 호세아 선지자를 부르실 때에 그에게 "너는 가서 음란한 여자를 취하여 음란한 자식을 낳으라"(호 1:2)고 말씀하셨습니다. 하나님의 거룩한 선지자가 음란한 여인을 아내로 맞이하라뇨? 그러나 하나님의 뜻은 이스라엘 백성들이 하나님을 섬기지 아니하고 우상을 섬기는 영적 간음죄를 범하고 있으므로 호세아 선지자로 하여금 음란한 여인과 함께 살아가는 남편의 심정으로 하나님의 뜻을 이스라엘 백성에게 전하라는 것이었습니다.

예수님께서는 자기와 교회와의 관계를 신랑과 신부의 관계로 자주 비유하셨습니다. 예수님은 신랑이요 우리는 그의 순결한 신부라는 것이지요. 신부는 신랑을 맞이하기 위하여 순결함을 유지하고 모든 준비를 해야 하는 것과 같이 우리 교회, 우리 성도들은 모두 신랑되신 예수님의 좋은 신부로 설 수 있어야 합니다. 이를 위하여 영적으로 순결해야 합니다.

"간음하는 여자들이여 세상과 벗된 것이 하나님의 원수임을 알지 못하느뇨? 그런즉 누구든지 세상과 벗이 되고자하는 자는 스스로 하나님과 원수되게 하는 것이니라"(약 4:4)고 하였습니다. 그렇습니다.

우리 모두는 예수 그리스도 안에서 한 형제 자매된 영적 가족입니다. 우리는 하나님을 사랑하고, 다시 오실 예수님을 기쁨으로 맞이하기 위하여 믿음의 기름을 준비하고 늘 단장된 모습으로 살아가야 할 것입니다.

/ 말씀을 생각하며 /

오늘 배운 문답서의 요약

```
문 :



답 :



```

오늘 배운 말씀의 교훈

```



```

이번 주 나의 기도

나
가정
이웃
교회
기타

제 39 과
도적질하지 말라

"도적질하는 자는 다시 도적질하지 말고 돌이켜 가난한 자에게
구제할 수 있도록 자기 손으로 수고하여 선한 일을 하라"(엡 4:28)

찬송 / 211장

제73문 : 제 8계명이 무엇입니까?
답 : 제 8계명은 "도적질하지 말지니라" 하신 것입니다.

인간이 범죄 한 이후 하나님께서는 땅을 저주하여 가시와 엉겅퀴가 나게
하셨으며, 종신토록 수고하여야 그 소산을 얻도록 하셨습니다. 그런데 사
람들은 일을 하지 않고, 수고하지 않고 많은 것을 얻기를 기대합니다. 또는
일한 것보다 더 많은 것을 얻으려고 합니다. 오늘은 제8계명에서 도적질이
무엇인지 배우고자 합니다.

첫째, 하나님의 것을 도적질하지 말라는 것입니다.
하나님의 것은 먼저 하나님의 날, 즉 주일입니다. 우리가 이 날을 도
적질하면 안됩니다. 하나님께서 엿새 동안 하늘과 땅과 바다와 그 가운
데 만물을 지으시고 이레 되는 날에는 쉬셨습니다. 그리고 그 날을 복
주시고 거룩하게 하셨습니다. 이 날은 세상의 일을 모두 쉬고 온전히 하
나님과 교제하며 예배드리도록 정하셨습니다. 그러므로 우리가 주일을
하나님께 구별하여 거룩하게 지켜야 하는 것입니다.
그리고 하나님의 것이란 하나님께 마땅히 드려야 할 물질입니다. 우
리가 십일조를 제대로 드리지 않으면 곧 하나님의 것을 도적질한 것과
같다는 것 입니다. 우리가 이 땅에 태어날 때 아무 것도 가지고 온 것
이 없었지만, 하나님께서 모든 것을 우리에게 주셨습니다. 그리고 우

리에게 주신 것 중에서 10분의 1은 하나님의 것으로 구별하여 온전히 드리라고 말씀하셨습니다. 그리고 십일조를 제대로 드리면 말라기 3장 7-12절의 복을 주시겠다고 약속하셨습니다.

세상의 물질에 지나치게 욕심을 부리지 말고, 하나님께서 우리에게 주신 것으로 감사하고 즐거워하면서, 마땅히 하나님의 것이므로 하나님께 돌려드린다는 생각을 가지면 온전한 십일조를 할 수 있게 될 것입니다.

둘째, 이웃의 것을 도적질하지 말라는 것입니다.

우리는 마땅히 수고함으로 그 열매를 얻을 수 있습니다. 만약 이웃의 것을 수고하지 않고 가져오는 것이나, 정당하지 않은 방법으로 재물을 얻는 것은 도적이요 강도와 다를 바 없습니다. 또한 물건을 팔 때 잘못된 저울로 양을 속이거나, 품질을 속이는 것도 도적질하는 것과 같다고 볼 수 있습니다.

그리고 품삯을 정하여 일을 시키고 주지 않는 것도 도적질하는 것과 같습니다. 최근 불법 체류 중인 동포나 외국인들을 고용하여 인간 이하의 일을 시키고, 제때 돈을 주지 않는 악덕 기업주가 많다는 보도를 듣고 있습니다. 열심히 일하고 돈을 벌기 위해 우리나라에 온 외국인 노동자들과 중국 동포들에게 부당한 대우를 하는 것에 대하여 회개해야 합니다.

또한 자신의 지위를 이용하여 뇌물을 받는 행위도 도적질하는 것과 같습니다. 뇌물은 공평 정대한 판결을 하지 못하게 하고, 선량한 다수의 사람들에게 피해를 입힙니다. 몰래 주고받은 뇌물이 백일하에 드러나서 부끄러움을 당하는 일들이 얼마나 많은지 모릅니다.

세리장 삭개오는 예수님을 만난 이후 자신의 소유 절반을 팔아서 가난한 자에게 주고, 뉘게 토색한 것이 있으면 4배나 갚겠다고 하였습니다. 세리장이라는 자신의 직위를 이용하여 다른 사람의 눈에 피눈물이

나게 한 것에 대한 철저한 회개가 있었음을 보여주는 것입니다.

셋째, 자신의 것을 도적질하지 말라는 것입니다.

자신의 소유물을 도적질한다는 것은 하나님께서 맡겨주신 각종 은사와 물질을 잘 관리하지 않는 행위를 말하는 것입니다. 여기에는 두 가지의 내용이 포함됩니다. 하나는 지나치게 인색한 것이요, 둘째는 지나치게 허비하는 것입니다.

하나님께서 우리에게 맡기신 재물과 건강과 시간을 하나님의 영광과 사람들의 유익을 위하여 선용하여야 합니다. 우리가 하나님께로부터 거저 받았으니, 또한 하나님과 다른 사람을 위하여 사용해야 합니다. 그러면 하나님께서는 더 큰 복으로 우리에게 채워주실 것입니다.

사람들은 자기의 소유로 행복을 측정합니다. 그러나 행복은 결코 소유의 많고 적음에 있는 것이 아닙니다. 우리의 진정한 행복은 하나님의 사랑과 그 약속에 근거하고 있습니다. 우리가 아무리 다른 사람을 사랑한다고 하여도 자식의 생명까지 주지는 않습니다. 그럼에도 불구하고 하나님께서는 우리를 구원하시기 위하여 독생자 예수 그리스도를 보내어 주셔서 십자가에 못박혀 죽게 하셨습니다. 이것이 바로 우리 아버지 되신 하나님의 사랑입니다.

우리는 도적질하지 않기 위하여 정직한 직업을 가져야 합니다. 아무리 돈을 많이 버는 일이라도 그 일이 다른 사람을 속이거나 죄를 짓는 것이라면 믿음으로 그 직업을 버려야 합니다. 그리고 탐심을 물리치고 타인의 행복을 추구할 수 있어야 합니다. 궁핍한 자를 구제하고, 손으로 수고하여 선을 행하여야 합니다. 남에게 주면서 사는 인생이 가장 행복하고 또한 부요한 사람인 것입니다.

/ 말씀을 생각하며 /

오늘 배운 문답서의 요약

문:

답:

오늘 배운 말씀의 교훈

이번 주 나의 기도

나	
가정	
이웃	
교회	
기타	

제 40 과
거짓증거하지 말라

"네 이웃에 대하여 거짓 증거하지 말라"(출 20:16)

"너희는 이웃과 더불어 진리를 말하며
너희 성문에서 진실하고 화평한 재판을 베풀고"(슥 8:16)

찬송 / 218장

제76문 : 제 9계명이 무엇입니까?
답 : 제 9계명은 "네 이웃에 대하여 거짓 증거하지 말지니라" 하신 것입니다.

하나님께서 인간을 창조하셨을 때, 하나님을 본받아 진실한 생각을 갖고 살도록 하셨습니다. 그런데 사탄에 의한 타락 이후에 우리 인간은 가치의 판단이나 진리의 표준을 자기 이성 안에서 찾기 시작하면서 '거짓'이 나타나기 시작했습니다. 제9계명은 거짓말을 금함으로써 이웃의 이름과 인격을 보호하라는 하나님의 명령입니다.

1. 신실한 증인이 되라는 말씀입니다.

우리들은 모두 십자가의 전달자요, 부활의 증인으로 세움을 입은 자들입니다. 우리는 모두 복음의 증거자들입니다.
"라오디게아 교회의 사자에게 편지하라 아멘이시요 충성되고 참된 증인이시오 하나님의 창조의 근본이신 이가 이르시되"(계 3:14).
주님은 신실하고 진실한 증인이시기에 우리 역시 동일한 증인들입니다. 우리는 많은 증인들 가운데서 듣고 배웠습니다. 성령께서 증거자가 되셔서 우리가 배운 진리들을 확증해 주셨습니다. 성경은 증거의 말씀입니다.

신실한 증인은 자기에게 피해가 오고, 목숨이 위태로워도 거짓을 말하지 않고 사실대로 말하는 사람입니다. 약간의 유혹이 와도 타협해 버리고, 조그마한 위협이 오면 정신없이 도망치거나 침묵해 버리는 사람들은 신실한 증인 될 수 없습니다.

주님은 우리가 거짓 증인이 아니라 신실한 증인이 되시기를 원하십니다. 우리는 이웃들에게 어떤 경우에도 예수 그리스도와 복음, 성경에 대해서 거짓 증거 해서는 안 됩니다.

2. 진리를 알고 행하라는 것입니다.

내가 복음을 알고 진리를 알면서 선포하지 않는 것 역시 거짓말쟁이가 되고 맙니다. 주님은 자신이 말씀을 선포하는 이유를 이렇게 증거하셨습니다. "너희는 그를 알지 못하되 나는 아노니 만일 내가 알지 못한다 하면 나도 너희 같이 거짓말쟁이가 되리라 나는 그를 알고 또 그의 말씀을 지키노라"(요 8:55). 알면서 알지 못한다고 하는 것은 믿음을 져버린 행위일 뿐만 아니라 거짓 증거입니다. 예수를 믿은 많은 사람들이 신실한 증거자요, 증인으로 생을 마감하기 위해 죽었습니다.

거짓 증거는 입으로만 하는 것이 아닙니다. 우리의 행실, 삶의 모습은 말보다 더 큰 증거의 능력을 가지고 있습니다. 믿음의 말을 하지 못하여 믿음의 삶이 뒷받침하지 않기 때문에 우리는 이웃을 대적하여 거짓 증거하는 경우가 훨씬 더 많습니다.

"만일 우리가 하나님과 사귐이 있다 하고 어둠에 행하면 거짓말을 하고 진리를 행하지 아니함이거니와"(요일 1:6).

"그를 아노라 하고 그의 계명을 지키지 아니하는 자는 거짓말하는 자요 진리가 그 속에 있지 아니하되"(요일 2:4).

우리가 하나님과 사귄다, 그분을 아노라 말하는 것은 훌륭한 일입니다. 하지만 그렇게 말한 후에 어둠 가운데서 걷고, 그분의 명령들을 지키지 않는다면 우리는 이웃을 대적하여 거짓 증거하는 자가 되고 맙니다. 신실한 증인은 말과 더불어 행동과 삶과 열매로 보여 주어야만 합니다. 선한 행실과 의의 열매가 없는 증거는 거짓 증거에 지나지 않습니다.

3. 위선자가 되지 말라는 말씀입니다.

우리가 죄 없다고 말하는 것은 자신을 속이는 거짓 증거이며, 하나님을 거짓말쟁이로 만드는 거짓 증거입니다. 그리스도인들 가운데 회개를 거의 하지 않고 신앙생활을 하는 사람들은 대부분 거짓 증거를 하는 신앙생활을 하고 있습니다. 기도를 해도 회개하지 않고, 회개의 눈물 없이 메마른 심령으로 하는 기도는 거짓된 신앙입니다.

죄를 물먹듯이 먹고 마시면서 '나는 죄가 없다'고 선언하는 것처럼 살고 있습니다. 이것은 주님 앞에서 거짓 증거하는 것이며, 형제들을 대적하여 거짓 증거하는 것입니다.

위선자들은 자신들의 신앙을 사람들에게 드러내 보이고 싶어합니다. 위선자들은 하나님의 눈보다 사람의 눈을 더 의식하며, 사람의 눈에 인정받는 것을 더 추구합니다. 그들의 위선적인 행동은 그 자체가 이웃에 대해 모두 거짓 증거하고 있는 것입니다.

"화 있을진저 외식하는 서기관들과 바리새인들이여 회칠한 무덤 같으니 겉으로는 아름답게 보이나 그 안에는 죽은 사람의 뼈와 모든 더러운 것이 가득하도다 이와 같이 너희도 겉으로는 사람에게 옳게 보이되 안으로는 외식과 불법이 가득하도다"(마 23:27-28).

/ 말씀을 생각하며 /

오늘 배운 문답서의 요약

문 :
답 :

오늘 배운 말씀의 교훈

이번 주 나의 기도

나
가정
이웃
교회
기타

제 41 과
이웃을 탐하지 말라

"네 이웃의 집을 탐내지 말라 네 이웃의 아내나
그의 남종이나 그의 여종이나 그의 소나 그의 나귀나
무릇 네 이웃의 소유를 탐내지 말라"(출 20:17)

찬송 / 401장

제79문 : 제 10계명이 무엇입니까?
**답 : 제 10계명은 "네 이웃의 집을 탐내지 말지니라. 네 이웃의 아내나
그의 남종이나 그의 여종이나 그의 소나 그의 나귀나 무릇 네 이웃
의 소유를 탐내지 말지니라" 한 것입니다.**

사람의 탐심이라는 것은 참으로 끝이 없습니다. 어느 정도의 소유가
있다 해도 "이 정도면 족하다" 하는 것이 아니라 계속해서 더 많은 것을
얻으려고 하지만 아무리 많은 것을 얻었다 해도 그 마음의 갈급함은 해
결되지를 않습니다. 제10계명에서 "이웃의 소유를 탐내지 말라"는 말
씀은 단순히 남의 것을 탐내지 말라는 의미만이 아니라 이 세상의 모든
육적인 것들을 탐하는 마음을 다 버리라는 말이지요.

1. 탐심은 세상의 정욕을 게 합니다.

야고보서 1장 15절에 **"욕심이 잉태한즉 죄를 낳고 죄가 장성한즉 사
망을 낳느니라"**고 하셨습니다. 물질에 대한 탐심뿐 아니라 육신의 정
욕, 안목의 정욕, 이생의 자랑이 결국 다 탐심과 같은 뿌리로서 세상의
정욕을 사랑하고 취하려는 마음입니다. 이런 탐심 때문에 거짓말, 도
적질, 간음, 절도, 강도, 사기, 횡령, 살인 등 갖가지 죄를 범하게 되는

것입니다.

탐심으로 인해 때로는 형제나 부모 자녀 사이에, 혹은 부부 사이에 원수를 맺는 경우도 생기며, 탐심 때문에 진리와 함께 기뻐하지 못하고 자기보다 더 가진 사람을 시기 질투합니다.

하나님을 믿는다는 사람 중에도 탐심에 미혹되어 범죄하는 경우가 많이 있지요. 성경에도 보면 가나안 정복 당시 아간이라는 사람은 전투에서 얻은 전리품을 다 하나님께 드리라 명했으나 그 중 금은과 외투를 훔쳐서 숨겨둡니다. 이로 인해 아간은 물론 그의 모든 가족과 가축까지도 멸망당하고 말았습니다.

또 아나니아와 삽비라는 자신들의 땅을 팔아 하나님께 드리기로 했지만 탐심으로 인해 일부를 숨기고 나머지를 가져가서 그것이 전부라고 베드로에게 거짓말을 했습니다. 이는 성령을 속인 것으로 그들은 결국 저주를 받아 혼이 떠나고 말았습니다.

2. 영혼이 잘되면 범사에 복을 받습니다.

사람이 아무리 많은 것을 누릴 수 있고 심지어 온 천하를 다 얻는다 해도 생명을 잃으면 무슨 소용이 있겠습니까? 반면에 세상에서 부귀영화를 누리지 못했다 해도 주님을 믿고 참 생명을 소유했다면 진정으로 부유한 사람입니다.

요한삼서 1:2에 **"사랑하는 자여 네 영혼이 잘됨같이 네가 범사에 잘되고 강건하기를 내가 간구하노라"** 하신 말씀처럼 먼저 영혼이 잘되는 복을 받아야 하는 것입니다. 영혼이 잘되지 않은 사람이 많은 물질을 얻게 되었을 때는 그것이 반드시 복이라고 할 수가 없습니다. 오히려 많은 물질로 인해 욕심이 잉태하여 죄를 짓기도 하고 결국 하나님을 떠날 수도 있기 때문입니다.

영혼이 잘된 사람은 세상 것을 탐내지 않으며 축복을 받아 물질이나 명예를 얻는다 해도 그로 인해 세상 정욕에 빠져들지도 않습니다. 세상 좋은 것을 얻지 못한다 해서 원망, 불평하지도 않으며 오히려 하나님을 위해 자신의 모든 소유와 생명까지도 스스로 포기할 수도 있습니다. 사도 바울도 넘치도록 충성하면서 많은 핍박과 굶주림, 추위와 여러 고난을 겪었지만 구원받은 기쁨과 하나님의 사랑이 가득하므로 어떠한 형편에 처하든지 자족할 수 있었고 감사함으로 하나님을 섬길 수 있었습니다(빌 4:11-13).

3. 성령으로 기도해야 신속히 응답받을 수 있습니다.

우리가 기도해도 응답을 받을 수 없는 경우도 있습니다. 야고보서 4:2-3절에 "**너희가 얻지 못함은 구하지 아니하기 때문이요 구하여도 받지 못함은 정욕으로 쓰려고 잘못 구하기 때문이라**"고 하신 말씀처럼, 정욕으로 쓰려고 잘못 구한 것은 하나님께서 주실 수가 없는 것입니다.

그러므로 우리가 하나님께 구할 때 인간의 생각으로 기도할 것이 아니라 하나님의 뜻에 맞는 기도를 해야 하고 성령으로 기도해야 합니다. 성령님께서는 하나님의 마음을 아시며 하나님의 깊은 것이라도 통달하시기에 성령의 주관대로 기도하는 것은 하나님의 뜻에 합당하여 하나님을 기쁘시게 합니다. 이렇게 성령으로 기도할 때 그 기도에 신속하게 응답받으므로 여러분의 영혼이 잘될 뿐 아니라 마음의 소원들도 신속하게 응답받는 것입니다.

세상 것을 바라는 탐심을 다 벗어 버리고 자족하는 마음으로 천국을 소망하여 항상 감사와 기쁨이 가득하며, 성령으로 불같이 기도하여 신속하게 성결되고 범사에 하나님의 마음에 합당한 것을 구해 응답받는 여러분이 되시기를 바랍니다.

/ 말씀을 생각하며 /

오늘 배운 문답서의 요약

문 :

답 :

오늘 배운 말씀의 교훈

이번 주 나의 기도

나
가정
이웃
교회
기타

제 42 과
세례의 의미

"그러므로 우리가 그의 죽으심과 합하여 세례를 받음으로
그와 함께 장사되었나니 이는 아버지의 영광으로 말미암아
그리스도를 죽은 자 가운데서 살리심과 같이 우리로 또한
새 생명 가운데서 행하게 하려 함이라"(롬 6:4).

찬송 / 264장

제94문 : 세례란 무엇입니까?
답 : 세례는 물을 가지고 성부와 성자와 성령의 이름으로 씻는 성례인데,
이것은 우리가 그리스도에게 접붙임이 되는 것과, 은혜계약의 여러
가지 유익에 참여하는 것과, 주님의 사람이 되기를 약속하는 것을 의
미하며 인치는 것입니다.

세례는 예수 그리스도께서 정하신 예전(禮典)입니다. 그것은 보이는
교회에서 세례를 받는 무리들이 그 교회에 참가하는 엄숙한 입회를 의
미하는 것뿐만 아니라 본인에 대해서는 은혜의 계약에 인침을 받는 표
가 되며 그리스도에게 접붙임을 받고 중생과 사죄와 예수 그리스도를
통하여 새 생명에 살겠다고 하나님께 대하여 자신을 봉헌하는 표와 인
침을 의미합니다. 우리는 오늘 세례의 의미를 살펴보고자 합니다.

1. 세례는 정결의 표상입니다.

세례는 죄를 씻는 것, 옛사람을 벗는 것, 죄를 극복하는 것 등, 신자
가 불결한 죄에서 정결함을 얻는 표상으로서의 의미가 있습니다. 그러
나 세례가 육체의 더러움을 씻어 제하는 것이 아닙니다. 구약시대의 결
례는 실제로 물을 뿌리거나 부어서 육체의 더러움을 제하는 규례였습

니다. 이러한 구약시대의 결례는 신약시대에 예수 그리스도께서 택한 자들의 불결한 죄를 대속해 주실 것에 대한 예표인 것입니다. 그러므로 신약교회시대의 세례는 육체의 더러움을 씻는 것이 아니라, 영적인 불결한 죄가 씻겨진 선한 양심이 하나님께 나아가는 정결의 표상인 것입니다.

그러므로 죄를 씻어 정결하게 되기 위해서는 예전에 가지고 있던 것들을 버려야 합니다. 자기를 부정하고, 자기 부인의 결심과 자신을 십자가에 못 박음이 있어야 합니다. 자신의 옛 신분을 십자가에 못 박아야만 하는 것입니다.

2. 그리스도와 연합을 의미합니다.

세례는 신자가 옛사람을 벗는 것, 새사람을 입는 것, 새생명으로 사는 것 등, 예수 그리스도와 연합이 되는 표상으로서의 의미가 있습니다. 세례는 예수 그리스도를 영접한 세례를 받는 자가 예수 그리스도와 연합하여 받는 것입니다(롬 6:3-4).

구약시대 노아의 홍수심판 때에는 실제로 악한 사람과 생물이 다 죽었고, 노아의 여덟 식구는 구원을 얻었습니다. 이스라엘 자손이 홍해를 건널 때에도 실제로 바로의 군대들이 죽었고 이스라엘 자손은 구원을 얻었습니다. 이러한 구약시대의 세례는 신약시대에 신자가 죽었다가 부활하신 예수 그리스도와 연합하여 죄에서 죽고 새생명 가운데서 살게 될 것에 대한 예표인 것입니다.

세례는 사람이 육체적으로 죽고 사는 것이 아니라, 영적으로 예수 그리스도와 연합하여 옛사람이 죽고 새사람으로 사는 것을 의미합니다. 이것이 예수 그리스도와 한 몸을 이루는 연합의 표상입니다.

그리스도의 이름으로 세례를 받는다는 것은 곧 그의 십자가에 나도 함께 못 박혀 죽고 땅에 묻혀 장사지낸바 되었다는 것을 의미합니다. 다시 말해서 이제는 나는 죽고 오직 그리스도만이 내안에 사시는 것입니다. 이제 죽어 장사지낸바 된 사람은 자신의 마음대로 생각할 수 없고 자신의 마음대로 말하거나 행동할 수 없습니다. 오직 내 안에 다시 사신 예수 그리스도와 더불어 모든 삶을 계획하고 행하는 것을 의미합니다.

3. 세례는 구원의 확신과 복음전파를 위한 목적입니다.

예수께서 제자들에게 세례를 주라고 분부하신 것은 구속의 복음을 전하게 하시려는 데 그 목적이 있습니다. 복음은 언어를 통하여 전해지기도 하지만, 세례라는 방식을 통해서도 전해지는 것입니다. 그것은 세례가 예수 그리스도께서 죄를 대속하시는 정결의 표상이며, 예수 그리스도께서 신자와 한 몸이 되는 연합의 표상이기 때문입니다.

예수께서는 제자들에게 **"또 이르시되 너희는 온 천하에 다니며 만민에게 복음을 전파하라 믿고 세례를 받는 사람은 구원을 얻을 것이요 믿지 않는 사람은 정죄를 받으리라"**라고 하셨습니다(막 16:15-16). 모든 족속에게 복음을 전하며 세례도 주어서 구원을 얻게 하라는 것입니다. 따라서 세례는 신앙 성숙의 한 방편임에 틀림이 없습니다. 예수님은 의식적인 성례보다는 구원의 확신을 가지게 하는 신앙 성숙의 한 수단으로서 세례를 주라고 제자들에게 분부하신 것임을 알 수 있습니다. 그러므로 세례는 예수를 그리스도로 믿고 구원의 확신을 가지게 하며, 나아가 그것을 통하여 구원을 얻는 복음전파의 방편이 되는 것입니다.

/ 말씀을 생각하며 /

오늘 배운 문답서의 요약

문 :

답 :

오늘 배운 말씀의 교훈

이번 주 나의 기도

나
가정
이웃
교회
기타

제 43 과
성찬(聖餐)의 의미

"또 떡을 가져 감사기도 하시고 떼어 그들에게 주시며 이르시되
이것은 너희를 위하여 주는 내 몸이라 너희가 이를 행하여
나를 기념하라 하시고
저녁 먹은 후에 잔도 그와 같이 하여 이르시되
이 잔은 내 피로 세우는 새 언약이니 곧 너희를 위하여 붓는 것이라"
(눅 22:19-20)

찬송 / 229장

제96문 : 주의 성찬이 무엇입니까?
**답 : 주의 성찬은 성례로써 그리스도가 정하신대로 떡과 포도주를 주고
받음으로 그의 죽음을 나타내 보이는 것인데, 이 성례를 합당하게 받
는 자들은 육체와 정욕을 따라서 참여하지 않고 믿음으로써 그의 몸
과 피에 참여하여 그의 모든 유익을 받아 신령한 양식을 먹고 은혜
속에서 장성하는 것입니다.**

1. 성찬은 주님의 죽으심을 기억하게 합니다.

사도 바울은 성찬을 가리켜 '주의 만찬'(the Lord's Supper)(고전
11:20)이라고 했는데, 이는 주님께서 십자가에서 죽으시기 전 그의 제
자들과 함께 '최후의 만찬'을 나누시며 이 의식을 확립하신 것을 기억
하게 합니다.

예수님께서는 우리가 주의 죽으심을 기념하는 일을 돕기 위해 우리
에게 떡과 포도주라는 중요한 두 가지 표상을 주셨습니다. 떡은 그리스
도의 몸을 의미하고, 포도주는 그의 피를 의미합니다. 둘 다 우리의 죄
를 사하시고 우리와 하나님과의 관계를 회복시킨 예수님의 죽음을 기

억하게 합니다.

또 이 성찬의식을 '교제'(Communion)라고도 합니다. 여기서 강조되는 것은 성도들이 이 예식을 통하여 예수님의 죽음이 주는 의의에 참여하며 예수님과 나누는 교제입니다. 나아가서 성찬은 자신을 희생하시고 구원이란 놀라운 선물을 우리에게 허락하신 예수님의 죽음에 대한 감사를 강조합니다. 그래서 "너희가 이 떡을 먹으며 이 잔을 마실 때마다 주의 죽으심을 그가 오실 때까지 전하는 것이니라"(고전 11:26)고 합니다.

2. 성찬은 새 언약과 용서의 은총을 기념하는 예식입니다.

예수님이 오시기 전 하나님의 백성들은 하나님께서 시내 산에서 제정하신 율법의 언약 아래 있었습니다. 이를 일반적으로 "구약(Old Covenant), 곧 옛 언약"이라고 합니다. 이 언약 아래에서 죄는 오직 율법이 위임한 제사 체계를 통해서만 다룰 수 있었습니다. 그러나 예수님께서 유월절을 기념하며 최후의 만찬을 그의 제자들과 나누실 때 "이 잔은 내 피로 세우는 새 언약이니 곧 너희를 위하여 붓는 것이라"(눅 22:20) 하심으로 예수 그리스도의 희생이 우리의 죄를 용서하기 위해 충분하기 때문에 우리는 더 이상 송아지와 염소의 제물을 가지고 제사장에게 나아갈 필요가 없게 되었습니다.

성찬의 잔과 떡은 예수 믿고 구원 받은 성도들이 은혜에 감사하며 나눕니다. 비록 성찬은 예수님의 죽음을 기념하는 시간이지만, 이는 또한 하나님을 찬양하며 기뻐하는 시간이기도 합니다. 예수님께서 제자들과 나누신 최후의 만찬을 찬미함으로 마치신 것은 예수님의 죽으심이 가능케 하신 축제, 즉 미래에 예수님께서 그의 백성과 영광 중에 함께 나누실 메시아의 연회잔치를 바라보게 합니다.

3. 성찬은 천국 혼인 잔치를 바라보게 합니다.

　성찬의 잔과 떡은 예수님의 몸과 피로 드린 희생 제물을 기념하기 때문에 예수 그리스도의 십자가의 도리를 믿는 자들만 참여할 수 있습니다.

　신약은 믿지 않는 자들이 성찬에 참여하는 상황을 전혀 염두에 두고 있지 않습니다. 오히려 성경은 주의 몸을 분변치 못하고 먹고 마시는 자는 자기의 죄를 먹고 마시는 것이니라(고전 11:29) 하며, 함부로 성찬의 떡을 먹고 잔을 마시는 자에겐 심판이 임할 것을 경고하고 있습니다.

　자신을 살핀다는 것은 하나님 앞에 죄를 범하고 있지는 않은지, 회개해야 하는 것들은 무엇인지 기도하는 마음으로 신중하게 자신의 삶을 살피는 일입니다. 우리를 사랑하사 자신을 희생하신 사랑을 실천하고 있는지 살펴야 합니다. 우리를 사랑하사 십자가 지시고 우리 죄 짐을 담당하신 주님께서 하나님을 사랑하고 이웃을 사랑하라 하시며 사랑이 율법과 선지자의 강령이라 하시며 사랑의 실천이 율법의 완성이며 주님의 제자 된 표라 하셨으니 이 사랑을 실천 했는가를 다시 한 번 살피며 사랑의 실천자가 되길 다짐하며 함께 하는 모두가 됩시다.

　칼빈이란 신학자는 **"성례는 보이는 복음의 이야기"**라고 말했습니다. 실제로 우리의 눈으로 보고, 입으로 직접 맛보는 것처럼 분명하게 가르쳐 주기 위함입니다. 떡과 포도주를 통해 영적인 은혜가 임하는 것입니다. 성령의 능력으로 우리가 떡을 먹을 때 우리는 진실로 그리스도의 몸에 참여하는 자가 됩니다. 우리가 성찬에 참여하여 잔과 떡을 나눌 때 그리스도의 몸에 참여하는 신비로운 연합이 성령의 능력으로 그리스도가 우리와 함께 하시며, 주님의 말씀대로 또한 기념하게 되는 것입니다. 성찬의 떡과 포도주를 통해서 하나님께서는 우리에게 풍성한 은혜를 내리십니다.

/ 말씀을 생각하며 /

오늘 배운 문답서의 요약

문 :

답 :

오늘 배운 말씀의 교훈

이번 주 나의 기도

나
가정
이웃
교회
기타

제 44 과
주기도문의 특징

"그를 향하여 우리의 가진 바 담대함이 이것이니
그의 뜻대로 무엇을 구하면 들으심이라"(요일 5:14)
"그러므로 너희는 이렇게 기도하라."(마 6:9)

찬송 / 365장

제99문 : 하나님께서 우리의 기도를 지도하시기 위해 무슨 법칙을 주셨습니까?

답 : 하나님의 모든 말씀이 우리가 기도를 어떻게 할 것인가를 가르쳐 주는데 유용하지만 기도의 특별한 지침은 그리스도께서 자기 제자들에게 가르쳐주신 바로 그와 같은 기도인데 보통 '주기도문'이라고 합니다.

기도란 스스로 깨달아지는 것이 아니라 가르치고 배워야 하는 것입니다. 대부분의 사람들이 기도하는 것을 두려워하거나 주저하는 가장 큰 이유는 기도를 배우지 않았기 때문입니다. 기도를 잘 못한다고 생각이 들거나, 기도는 잘하는 것 같은데 응답이 없다고 생각하면 다시 올바른 기도에 대하여 배워야 합니다.

1. 매우 간결합니다.

기도를 잘 못한다고 생각하는 사람들은 그 이유가 다른 사람들처럼 기도를 길게 하지 못하기 때문이라고 생각합니다, 남들은 20분, 30분, 심지어 한 시간이나 두 시간 동안 기도를 하는데, 나는 5분만 하고 나면 기도할게 없습니다, 그래서 자신은 기도를 잘 못한다고 생각을 합니다.

그러나 주님이 가르쳐 주신 기도는 길지 않았습니다, 매우 간결했습니다. 길게 오래 동안 기도해야 하나님이 들어주시고, 짧게 기도한다고 하나님이 안 들어주시는 것은 아닙니다.

말을 잘하는 것과 기도를 잘하는 것은 다릅니다. 예수님께서도 **"기도할 때에 이방인과 같이 중언부언하지 말라 저희는 말을 많이 하여야 들으실 줄 생각하느니라"**(마 6:7)고 하셨습니다.

마치 말을 배우는 아이가 몇 단어가 안 되는 말만 해도 어른들은 금방 알아듣는 것과 같이, 하나님도 우리의 마음을 이미 알고 계십니다. 무엇이 필요하고, 무엇을 간구하는지 모두 아시는 하나님이십니다. 길게 장황하게 늘어놓는 다고 잘하는 것은 아닙니다.

2. 쉽고 단순합니다.

자신이 기도를 잘 못한다고 생각하는 이들의 또 다른 이유는, 남들처럼 어려운 말을 섞어가면서 유창하게 하지 못하기 때문에 자신은 기도를 못한다고 생각을 합니다.

주님이 가르쳐주신 기도는 매우 쉽고 단순합니다. 어린 아이들이 읽어도 그 내용을 이해할 수 있도록 가르쳐 주셨습니다. 누가 보아도 이 정도의 내용이면 이해할 수 있습니다.

하늘에 계신 우리 아버지여
이름이 거룩히 여김을 받으옵시고
나라이 임하옵시며
뜻이 하늘에서 이룬 것 같이 땅에서도 이루어지이다
오늘 우리에게 일용할 양식을 주옵시고
우리가 우리에게 죄 지은 자를 사하여 준 것 같이
우리 죄를 사하여 주옵시고
우리를 시험에 들게 하지 마시옵고

다만 악에서 구하옵소서.
(대게 나라와 권세와 영광이 아버지께 영원히 있사옵나이다. 아멘.)

기도를 어렵게 하려고 애를 쓸 필요가 없습니다. 쉬운 말로 단순하게 하는 것을 하나님은 기뻐 받으십니다. 유식한 자들의 기도를 좋아하시는 하나님이 아닙니다. 어쩌면 하나님은 아이들과 같이 단순한 마음을 사랑하실 것입니다.

3. 우선순위가 있습니다.

주기도문을 크게 두 부분으로 나눌 수 있는데, 첫째는 하나님에 대해서 그리고 다음이 땅에 대해서입니다, 아무리 유창하게 기도를 해도 땅에 대한 것만 기도했다면 그 기도는 잘한 기도가 아닙니다. 또 하나님에 대한 기도만 하고 땅에 대한 기도를 빠트린다면 어쩌면 그 기도는 위선일수도 있습니다. 그러므로 기도는 항상 첫째가 하나님에 대해서, 그리고 두 번째가 땅에 대해서입니다. 이것은 우리의 삶의 우선순위를 결정하는 것이기도 합니다.

주님은 기도에 대하여 다 가르치시고 하시는 말씀이, "너희는 먼저 그의 나라와 그의 의를 구하라 그리하면 이 모든 것을 너희에게 더하시리라"(마 6:33)고 하셨습니다.

그러므로 기도하는 사람은 자신의 삶의 우선순위를 분명히 아는 자입니다. 만약 기도는 주님이 가르쳐 주신 순서에 따라서 하나님께 대해 먼저, 그리고 그 다음 땅에 대한 것, 설령 이렇게 기도했다할지라도 자신의 삶의 우선순위가 땅에 대한 것이 먼저고 그 다음이 하나님에 대한 것이라면 그 사람은 참된 기도를 하는 사람이 아닙니다, 기도의 본질은 단순히 순서에 읊어 내려가는 것이 아니라 내 삶이 그 순서에 따라 변화되는 것입니다.

/ 말씀을 생각하며 /

오늘 배운 문답서의 요약

문 :

답 :

오늘 배운 말씀의 교훈

이번 주 나의 기도

나
가정
이웃
교회
기타

제 45 과
하늘에 계신 우리 아버지

"하물며 하늘에 계신 너희 아버지께서 구하는 자에게
좋은 것으로 주시지 않겠느냐"(마 7:11)

찬송 /277장

제100문 : 주기도문의 머리 말씀이 우리에게 교훈하는 것은 무엇입니까?

답 : 주기도문의 머리말은 곧 "하늘에 계신 우리 아버지여"라고 하는 것인데 이 구절은 언제라도 우리는 도와주실 능력이 있는 아버지에게 나아가는 자녀들처럼 거룩한 모든 공경심과 확신을 가지고 우리가 하나님께 가까이 나아갈 것과 또 우리가 다른 사람들과 함께 기도하고 다른 사람들을 위하여 기도할 것을 교훈하시는 것입니다.

1. 기도의 시작

사람들은 모로 가나 길로 가나 서울만 가면 되는데 어느 종교를 갖든지 지성이면 감천이라고 말합니다. 다시 말하면 진실하게 믿기만 하면 다 천당은 가게 된다고 말하는 것입니다.

그러나 우리 주님이 가르쳐 주신 기도는 처음부터 다릅니다. "하늘에 계신 우리 아버지"이십니다. "하늘에 계시다"는 말은 무소부재 하시다는 뜻입니다. 어디에나 계시는 '만유의 주님'이시라는 말입니다.

"하나님도 한 분이시니 곧 만유의 아버지시라 만유 위에 계시고 만유를 통일하시고 만유 가운데 계시도다"(엡 4:6)

우리의 기도를 들으시는 하나님은 하늘에 계신 우리 아버지이십니다. 그런데 문제는 우리가 하나님을 평범한 수준으로 끌어내렸다는 것입니다. 따라서 우리에게 절대적으로 필요한 것은 하나님이 얼마나 높으신 분인지를 다시 깨닫는 것입니다.

그리스도인들의 삶이 세상에 영향력을 행사하지 못하는 것은 믿고 있는 하나님의 개념이 저급하기 때문이라는 것입니다. 우리의 기도가 바른 하나님을 믿는 믿음을 회복하고, 바른 기도를 할 수 있다면 세상을 밝히는 빛, 세상에 맛을 내는 소금으로 바로 설 수 있습니다.

2. 하늘에 계시는 하나님

하늘은 하나님의 영광의 보좌요(시 68:33), 새 하늘과 새 땅, 그리고 새 예루살렘이 건설되는 영원하신 하나님의 나라입니다. 하나님께서는 하늘에 계시고, 우리 인생들은 땅에 거합니다. 하나님께서 하늘에 계시는 것은, 이 땅은 하나님의 자녀들이 거할 곳이 아니라는 하나님의 약속입니다.

우리의 아버지가 되시는 하나님께서 하늘에 계시는 것은, 우리가 그분의 자녀가 될 때에 그분께서 거하시는 영원한 거처인 하늘로 우리를 옮기신다는 약속이자, 거룩하신 계명입니다. 우리는 우리의 아버지가 되시는 하나님을 찾아 부를 때마다 하늘을 바라며 하늘을 소망하는 마음으로 찾아 불러야하는 것입니다.

그러나 우리는 죄인이므로 감히 하나님께 나아갈 수 없는 존재입니다. 우리의 죄는 우리의 공로나 역할, 가치, 또는 능력으로 해결할 수 없습니다. 오로지 우리의 죄를 해결하실 수 있는 능력의 존재께서 일방으로 그 사유(赦宥)의 능력을 나타내셔야만 합니다.

하나님께서 사람의 모습으로 죄의 육신을 입으신 그리스도를 이 땅에 보내셔서 우리의 죄를 담당케 하심으로 말미암아 우리로 거룩하신 하나님께로 나아갈 수 있게 하셨습니다. 그러므로 우리는 기도할 때마다 하나님께서 하늘에 계심을 인정해야 합니다. 그것은 기도의 필수 전제 조건입니다.

3. 우리 아버지 하나님

"아버지"라는 말은 "아들"에 대한 상대적 개념을 가지고 있습니다. 따라서 "아버지"에게는 "아들"이 필연적으로 존재해야 합니다. 하나님께 있어서 "아들"은 예수 그리스도이십니다. "아들"이신 예수 그리스도를 세상에 보내신 "아버지" 하나님을 의미하는 것입니다. "아버지" 하나님은 "아들"이신 예수 그리스도로 말미암아 모든 것이 완성됩니다.

"우리의 아버지"에서 "우리"란 예수 그리스도를 구주로 영접하고 그 이름을 믿으며 하나님을 신앙하는 믿음을 가진 하나님의 자녀들을 말합니다. 하나님은 하나님의 자녀들의 아버지, 곧 예수 그리스도로 말미암아 영원한 생명을 얻은 모든 자들에게 우리의 아버지이십니다.

하나님을 아버지라고 부를 때 우리는 예수 그리스도와 함께 하는 삶을 의미합니다. 그리스도의 모든 삶을 함께 하는 것이야말로 우리가 하나님의 아들들이 되는 참된 길입니다. 그리스도의 고난도 함께 하고, 그리스도의 사역도 함께 하고, 종국에는 그리스도께서 이르신 영광에도 함께 할 때에 비로소 우리는 하나님의 아들들로서 완성된 존재가 됩니다.

아버지와 아들의 관계는 물론 질서가 있어야겠지만 너무 위대해 보여서 가까이 다가갈 수 없다면, 그리고 내 삶과 관련이 없다면 그것은 오히려 비극입니다. 그러므로 언제 어디서든 다가가서 자신의 마음을 털어놓을 수 있는 그런 관계가 되어야 합니다. 하나님을 그저 "하늘에 계신 우리 아버지여"라고 부르도록 가르치신 이유도 바로 거기에 있습니다.

/ 말씀을 생각하며 /

오늘 배운 문답서의 요약

문 :

답 :

오늘 배운 말씀의 교훈

이번 주 나의 기도

나
가정
이웃
교회
기타

제 46 과
이름이 거룩히

"그러므로 너희는 이렇게 기도하라 하늘에 계신 우리 아버지여
이름이 거룩히여김을 받으시오며"(마 6:9)

"주의 도를 땅 위에, 주의 구원을 모든 나라에게 알리소서
하나님이여 민족들이 주를 찬송하게 하시며 모든 민족들이
주를 찬송하게 하소서"(시 67:2-3)

찬송 / 8장

제101문 : 주기도문의 첫째 기원에서 우리는 무엇을 구합니까?
답 : 주기도문의 첫째 기원, 즉 '이름이 거룩히 여김을 받으시오며'란 구절에서 우리는 하나님께서 자기를 나타내시는 모든 일에 우리와 다른 사람들로 하여금 능히 자기를 영화롭게 하고 모든 것을 하나님 자신의 영광이 되도록 처리해 주시기를 구하는 것입니다.

1. 먼저 하나님의 영광을 구해야 합니다.

주님은 하나님을 아버지라고 부를 뿐 아니라, 또한 아버지의 이름이 거룩히 여김을 받도록 기도하라고 가르쳐 주셨습니다. 이것은 하나님의 이름에 대한 존중과 영광과 찬양을 의미하기도 합니다.

유대인들은 하나님의 이름을 부른 후에 일반적으로 그 이름을 찬양하는 말이 이어지는 것이 관행이었습니다. 이러한 유대인의 관행을 따르면 주기도문에서도 아빠의 이름을 부른 후에 그 이름을 찬양하는 내용이 뒤따라 나왔다고 생각할 수 있습니다. 그러나 전통적인 생각대로 이것을 또 다른 하나의 기도로 보아도 문제는 없습니다.

주님은 기도할 때에 가장 먼저 하나님의 이름을 찬양하라고 가르쳐

주셨습니다. 우리는 흔히 기도할 때에 하나님에 대한 찬양보다 자기를 위한 기도를 먼저 하는 경향이 있습니다. 유대인의 기도문 역시 먼저 개인을 위한 필요를 먼저 구하고 있습니다.

우리들은 기도할 때 하나님의 영광보다 자신을 위한 필요를 먼저 간구합니다. 이것은 우리가 얼마나 하나님 보다 자기를 중심으로 살고 있는지를 잘 보여주고 있습니다. 우리는 자신을 위해서 교회를 다니고, 자신이 필요한 것을 받기 위해서 기도하곤 합니다. 그러나 주님은 우리의 필요보다 먼저 구할 것이 있다고 가르쳐 주셨습니다. 그것은 바로 하나님의 이름이 거룩히 여김을 받게 해달라는 것, 즉 하나님의 이름을 찬양하는 것입니다. 우리가 이 순서를 올바르게 할 때에 하나님을 중심으로 살아갈 수 있게 될 것입니다.

2. 하나님의 이름은 하나님 자신을 의미합니다.

여기에서 "하나님의 이름"은 "하나님"과 동일한 의미로 사용되었습니다. 유대인들은 이름을 그 이름을 가진 사람과 동일하게 간주했습니다. 하나님은 사람을 흙으로 만드신 후에 그 이름을 흙이란 뜻을 가진 "아담"이라고 부르셨으며, 첫 여자를 만드신 후에 모든 산 자의 어머니란 뜻을 가진 "하와"라고 부르셨습니다. 여기에서 이름은 그 사람의 본질이나 특성을 그대로 나타내고 있습니다.

또한 성경을 보면 하나님은 중요한 시기에 사람의 이름을 바꾸어 주셨습니다. 하나님은 한 족장이었던 아브람을 불러 인류의 아버지로 세우신 후에 그의 이름을 아브라함, 즉 열국의 아버지라는 뜻을 가진 이름으로 바꾸어 주셨습니다. 또 하나님은 사기꾼인 야곱을 축복하신 후에 그 이름을 "하나님과 싸워 승리했다"는 뜻을 가진 "이스라엘"이라고 바꾸어 부르게 하셨습니다. 이와 같이 한 사람의 이름이 그 역할이나 위치가 바뀔 때마다 바꾼 것은 그의 이름이 그의 인격이나 사명을 의미하고 있다는 것을 보여줍니다. 그러므로 유대인들에게 있어서 사람의 이름을 지는 일은 매우 중요했습니다. 또한 그들은 하나님의 이름을 하나님 자체로 간주했습니다. 그러므로 그들에게 있어서 "하나님의 이름"을 아는 것은, 곧 "하나님 자신"을 아는 것을 의미합니다. 이러한 점에서 볼 때에 "하나님의 이름이 거룩히 여김을 받는 것"은 결국 "하나님께서 거룩히 여김을 받는 것"을 의미한다고 할 수 있습니다.

3. 하나님의 이름을 영광스럽게 해야 합니다.

유대인들은 거룩하신 하나님의 이름을 부르지 못했습니다. 그래서 그들은 성경을 읽다가 "여호와" 또는 "야훼"란 말이 나오면 그 이름을 부르지 못하고 대신 "주님"(아도나이)라고 바꾸어 읽기를 권했습니다. 또한 그들은 성경을 기록하다가 "야훼"라는 말이 나오면 몸을 물로 씻고 붓을 빨아서 그 이름을 기록했습니다.

우리는 너무나 하나님의 이름을 경시하거나 멸시하는 경우가 많습니다. 그러나 이러한 일은 결코 해서는 안 되는 일입니다. 우리는 하나님의 이름을 귀중하게 여길 줄 알아야 합니다.

우리의 기도는 하나님께 사랑을 고백하고, 그 이름에 합당한 찬양과 영광을 돌려 드리는 것으로 시작해야 합니다. 우리는 기도할 때에 먼저 하나님의 이름이 거룩히 여김을 받기를 위해서 기도해야 합니다. 하나님은 거룩하시며 마땅히 찬양을 받으실 분입니다.

우리는 하나님의 이름이 거룩히 여김을 받도록 자신을 거룩히 구별해야 합니다. 우리는 삶 속에서 자신을 하나님의 것으로 구별해 드려야 합니다. 우리는 하나님께 드려진 존재로 우리의 삶을 살아야합니다. 우리는 인생의 주인이 자신이 아니라 하나님임을 인정하며 살아야 합니다. 우리가 거룩한 삶을 살게 될 때 우리는 하나님의 이름을 영광스럽게 할 수 있습니다.

/ 말씀을 생각하며 /

오늘 배운 문답서의 요약

문 :

답 :

오늘 배운 말씀의 교훈

이번 주 나의 기도

나	
가정	
이웃	
교회	
기타	

제 47 과
하나님의 나라

"나라가 임하시오며"(마 6:10)

찬송 / 207장

제102문 : 주기도문의 둘째 기원에서 우리는 무엇을 구합니까?
답 : 주기도문의 둘째 기원에서 "나라이 임하옵시며"라 함은 사탄의 나라가 멸망하고 은혜의 나라가 흥왕하여 우리와 다른 사람으로 하여금 그리로 들어가 항상 있게 하시고 또한 영광의 나라가 속히 임하게 하여 주시기를 구하는 것입니다.

우리가 죽어서 가는 하나님나라를 뜻하는 것으로써 이것은 장소적인 개념입니다. 어딘지는 정확하게 모르지만 아무튼 우리가 죽으면 가게 되는 천국을 의미합니다. 또 하나는 하나님의 통치하심입니다. 이것은 장소의 개념이 아닌 통치의 개념입니다.

예수님께서 빌라도의 법정에서 재판을 받으실 때 "내 나라는 이 세상에 속한 것이 아니다"라고 하셨습니다. 그렇다면 하나님의 나라는 어떤 나라입니까?

1. '하나님의 나라'는 어떤 것인가?

하나님의 나라는 하나님께서 다스리시는 나라인데, 하나님이 왕이 되시고 거기에는 또한 그의 다스림을 받는 백성들이 있습니다. 땅의 요소도 생각할 수 있는데, 이 세상에서는 하나님의 나라가 "여기 있다" 또는 "저기 있다"고 말하기 어렵습니다(눅 17:21).

"하나님의 나라"와 "천국"이라는 두 표현은 정확히 동일한 개념을 나타냅니다. 경건한 유대인에게는 "하나님"이라는 말이 너무나 신성한 것이어서 가볍게 혹은 빈번하게 사용할 수가 없었습니다. 그러므로 주로 유대인 독자를 위하여 붓을 든 마태는 보통 "천국"에 대해서 말하고 있는 반면에 마가와 누가는 비유대인들의 이해를 좀 더 쉽게 하기 위해서 "하나님의 나라"라는 표현을 사용하고 있습니다.

2. "나라"의 의미

예수님은 "내 나라는 이 세상에 속한 것이 아니니라"(요 18:36)고 하셨습니다. 성경에서 하나님의 나라는 보통 세상에서의 하나님의 능동적인 통치를 뜻합니다. 때때로 예수께서는 그 나라에 "들어가기가"라는 말씀을 하셨습니다(막 10:23). 그것은 마치 우리가 어떤 나라에 들어가는 것과 같은 의미의 말씀입니다. 그러나 그가 사용하신 말씀 배후에 있는 개념은 어떤 "영역"보다는 "통치"일 경우가 훨씬 더 많았습니다.

주기도가 하나님의 나라가 임하는 것을 그의 뜻이 이루어지는 것과 동격의 위치에 둘 때 그 낱말의 의미를 가장 가깝게 설명해 줍니다. 신약성경에 따르면 하나님의 뜻이 온전히 이루어지는 곳에 하나님의 나라가 임합니다.

비록 현세의 하나님 나라는 불완전하고 의가 완전히 실현되고 있지는 못하지만, 하나님 나라(현세에서는 교회)의 주요한 특성은 "성령 안에서 의와 평강과 희락"이라고 하였습니다(롬 14:17). 그리고 예수 그리스도의 재림으로 말미암아 이루어질 종국적인 하나님의 나라 곧 "새 하늘과 새 땅"에서는 불의와 고통과 저주가 없으며, 하나님의 의가 완전히 실현될 것입니다.

하나님의 나라는 영적인 나라를 의미합니다. 그런데 이 영적인 왕국은 유대인에게만 주어진 나라가 아니라 예수님을 구세주로 믿는 모든 사람에게 주어진 나라입니다. 이 나라에 들어가는 조건은 거듭나는 것입니다.

그러므로 우리는 지금 이 세상에 살고 있으나 이 세상 나라에 속하지 않고 또 하나의 나라, 즉 하나님의 나라에 속할 수 있습니다. 거듭나기만 하면 됩니다. 이 나라는 영적 왕국이고, 영이신 하나님께서(요 4:24) 이 왕국의 왕이십니다. 그러므로 사람은 성령으로 다시 태어나야만 이 나라에 속할 수 있습니다.

3. "하나님의 나라가 임하소서"라는 의미

하나님의 나라가 임한다는 것은, 예수님 재림 시 "새 하늘과 새 땅"이 임하는 것, 곧 완전한 하나님 나라가 마지막으로 이루어지는 것을 의미합니다. 그러나 하나님의 나라는 날마다 우리의 삶을 통하여 이루어져가는 나라이기도 합니다. 그러므로 "나라이 임하옵시며"라는 기도는 오늘날 우리들을 통한 하나님 나라의 확장을 위한 기도입니다. 이는 곧 교회의 전도를 통한 하나님 나라의 확장을 의미하는 것이며, 또한 성도들의 삶을 통하여 우리의 모든 삶 속에서 하나님의 통치가 좀 더 강력하게 이루어지기를 소망하는 기도입니다.

나아가서 우리의 착한 행실을 통해 이 세상에서 빛과 소금의 역할을 하는 것도 이 땅에 하나님의 나라가 임하게 하는 것이 됩니다. 비록 이 땅에서는 하나님의 나라가 완전히 이루어지지는 아니하며 늘 부분적이기는 하지만, 이 땅에 사탄의 통치가 물러나고 하나님의 통치가 이루어지는 것은 매우 의미 있는 일입니다(마 12:28). 따라서 우리는 이 땅에 하나님의 나라가 임하기를 기도할 뿐만 아니라, 또한 그 기도에 합당하게 살도록 힘써 노력하도록 하여야 합니다.

/ 말씀을 생각하며 /

오늘 배운 문답서의 요약

문 :

답 :

오늘 배운 말씀의 교훈

이번 주 나의 기도

나	
가정	
이웃	
교회	
기타	

제 48 과
하나님의 뜻

"너희 안에서 행하시는 이는 하나님이시니 자기의 기쁘신 뜻을 위하여
너희에게 소원을 두고 행하게 하시나니"(빌 2:13)

찬송 / 425장

제103문 : 주기도문의 셋째 기원에서 우리는 무엇을 구합니까?
**답 : 주기도문의 셋째 기원은 "뜻이 하늘에서 이룬 것 같이 땅에서도 이
루어지이다"인데 이 구절에서 우리는 하나님께서 은혜를 베풀어 우
리로 하여금 능히 기꺼운 마음으로 범사에 있어서 그의 뜻을 알아 순
종하고 복종하기를 하늘에서 천사들이 그렇게 하는 것과 같이 하게
하여 주시기를 구하는 것입니다.**

하나님은 알파요 오메가가 되시고 처음과 나중이 되시고 시작과 끝
이 되십니다. 그러므로 우리 개인의 삶의 시작과 끝도 이미 하늘에서
다 계획이 되어 있습니다. 우리에게 일어난 모든 일은 두 번 일어나는
것입니다. 뜻이 하늘에서 이미 이루어지고 그 다음 우리 생애를 통해서
이 땅에 이루어지는 것입니다. 하나님의 뜻이 이 땅에 이루어지기 위해
서 어떻게 해야 할까요?

1. 하나님의 뜻을 알고 받아 들여야 합니다.

우리는 하나님의 계획과 뜻을 알기 위하여 말씀을 상고하고 성령님의
가르침을 받아 기도해야 합니다.
예수님이 십자가 죽으심은 택함 받은 사람이 용서와 의와 하나님의
영광에 이르게 하는 하나님의 계획인 것을 알아야 됩니다. 하나님의 영
광에 이르지 못하는 우리들을 예수님을 통해서 용서와 죄 사함을 받고

의롭다 함을 얻고 하나님의 영광에 이르도록 영광에 출입할 수 있도록 하려는 것이 하나님의 계획이었습니다. 성령 충만하고 성결의 은혜를 주시려고 하는 것이 하나님의 계획인 것을 알아야 됩니다.

하나님은 죄와 마귀와 세속에서 우리를 건져 내시고 거룩하게 하시고 성령으로 충만하게 하셔서 하나님이 우리 안에 우리가 하나님 안에 있는 이런 삶을 체험하고 알도록 하시는 것이 하나님의 계획과 뜻입니다. 아버지 하나님께서 우리를 택하시고 예수의 보혈로 말미암아 우리의 죄가 용서받고 성령님이 우리를 거룩하게 하심으로서 삼위일체 하나님과 함께 거하고 하나님과 교제하는 것이 하나님의 뜻이요, 계획인 것을 우리가 알아야 되는 것입니다. 또 우리의 병과 연약을 치료하시고 건강과 생명을 주시려는 하나님의 계획을 알아야 합니다.

하나님은 이 세상에 사는 동안에 아담과 하와의 자손으로써 저주를 받아 이마에 땀을 흘려야 먹고 사는 고통에서 해방시키려는 하나님의 자비로우신 계획을 우리가 알아야 됩니다.

부활과 천국의 영생을 주시는 하나님의 계획을 알아야 됩니다. 하나님은 우리의 죽음 저 건너편에 계획을 가지고 있습니다. 이 세상에 사는 사람은 죽음 저 건너편에 무엇이 있는지 전혀 모릅니다. 하나님의 계획을 모르니까 받아들일 수 없습니다. 우리는 우리에게 향하신 하나님의 좋으신 계획을 알아야 합니다.

2. 하나님의 뜻을 굳게 믿어야 합니다.

믿음이란 우리와 하나님과 연결하는 배총입니다. 그러므로 우리가 언제나 믿음을 택하고 의심을 택하지 말아야 되는 것입니다. 우리에게는 하나님이 모두 다 믿을 수 있는 힘을 주셨습니다. 하나님의 은혜로 내가 믿기로 결정을 하고 선택을 하면 우리는 주님과 연결이 되는 것입니다. 그러므로 하나님의 뜻과 계획을 마음에 새기며 굳세게 믿어야 됩니다.

믿음에는 항상 마귀의 도전이 있고 영적인 전쟁이 있습니다. 마귀는 믿음의 줄을 끊어서 하나님과 연결을 못하게 해서 고사하게 하려고 온갖 수를 쓰기 때문에, 우리의 믿음을 더욱 강건하게 해야만 합니다.

우리도 하나님의 뜻을 알고 받아들이면 마귀가 와서 하나님의 뜻을 받아 들이지 못하게 하는 것입니다. 그럴 때일수록 우리는 하나님의 뜻을 굳게 믿어야 할 것입니다.

3. 신앙고백을 담대히 선포해야 합니다.

보이지 않는 세계와 보이는 세계를 연결하는 고리는 신앙고백입니다. 하나님의 세계는 보이지 않지만 우리가 사는 세계는 보이는 세계 아닙니까? 보이지 않는 세계와 보이는 세계를 연결하는 고리는 입술의 고백인 것입니다. 하나님의 계획과 뜻은 보이지 않는 실상입니다. 이 보이지 않는 실상이 보이는 세계에 나타나는 촉매 혹은 중개가 바로 입술의 고백 또는 입술의 시인인 것입니다.

안 보이는 하나님의 뜻이 말씀을 통해서 보이게 나타난 것입니다. 하나님은 모든 동물을 말씀으로 지으시고 그 다음에는 사람은 손수 손으로 지으신 것입니다. 보이는 세계는 안 보이는 하나님의 능력으로 만들어 졌는데 그것이 말씀을 통하여 믿음의 고리를 통해서 우리에게 나타난 것입니다. 안 보이는 하나님의 그 위대하고 충천한 능력이 눈에 보이는 만물로 나타난 연결 고리는 우리의 입술의 고백인 것입니다.

로마서 10장 17절에는 "그러므로 **믿음은 들음에서 나며 들음은 그리스도의 말씀으로 말미암았느니라**"고 했으니, 우리가 하나님의 뜻을 알아서 그 위대한 꿈을 가슴에 품고 믿음을 가졌으면 입술로 강하게 고백해야만 되는 것입니다.

/ 말씀을 생각하며 /

오늘 배운 문답서의 요약

문:

답:

오늘 배운 말씀의 교훈

이번 주 나의 기도

나
가정
이웃
교회
기타

제 49 과
일용할 양식

"오늘날 우리에게 일용할 양식을 주시옵고"(마 6:11)

찬송 / 370장

제104문 : 주기도문의 넷째 기원에서 우리는 무엇을 구합니까?
답 : 주기도문의 넷째 기원은 곧 "오늘날 우리에게 일용할 양식을 주옵시고"라고 한 구절에서 우리는 하나님의 값없이 주신 은사로서 이생의 좋은 것들 중에서도 충족한 분깃을 받고 그 모든 것과 아울러 그의 축복을 누리게 해 주실 것을 구하는 것입니다.

사람이 살아가는데 있어서 가장 중요한 것은 경제적인 문제입니다. 경제라고 하면 거창하게 들릴지 모르지만 가장 기본적인 의미에서 의식주의 문제입니다.

주님은 제자들에게 기도를 가르쳐 주실 때 "오늘날 우리에게 일용할 양식을 주옵시고"라고 하시면서 양식을 위하여 기도할 것을 말씀하고 있습니다. 일용할 양식, 그것은 우리가 매일 먹어야 하는 꼭 필요한 식사에 관한 것입니다. 그러면 왜 우리는 일용할 양식을 위하여 기도해야만 합니까?

1. 하나님이 주시는 것이기 때문입니다.

우리는 자본주의 사회에서 살기 때문에 실물이 아니라 금융자본의 축적으로 그것을 가지고 실물을 사고파는 경제생활을 하고 있습니다. 그러나 아무리 경제가 발달한 국가라도 사람이 음식으로 먹는 것은 다른 어떤 것이 아니라 땅에서 나는 식물인 것입니다. 식물은 사람이 만들어

내는 물건이 아니라 생명이 담긴 것이기 때문에 그것은 인간의 차원을 넘어서 있는 것입니다. 하나님이 땅에서 식물을 자라게 하시고 열매를 익게 하시며 때가 되어 거두게 하실 때까지 생명의 보살핌을 주시지 않으시면 우리는 주릴 수밖에 없는 것입니다.

식물을 주심은 곧바로 생명을 주심과 같다는 것을 알 수 있습니다. 생명은 하나님께 속한 것입니다. 그러기에 주님은 우리에게 생명의 근원이신 하나님께 우리의 양식을 위하여 기도할 것을 말씀하고 있는 것입니다.

2. 필요한 양만 구하라는 것입니다.

일용할 양식이란 하루 먹을 양식을 의미합니다. 하루 먹을 양식이 얼마나 되겠습니까? 이 말씀 속에는 먹을 것을 쌓아두면서 그것을 혼자만 먹지 말고 하루 먹을 양식이 없는 사람들을 기억하라는 의도가 깔려있습니다. 이 말을 더 쉽게 이야기 하면 살면서 나눔의 삶을 실천하라는 것입니다.

이 세상에는 많은 사람들이 존재합니다. 이 사람들을 먹는 음식이라는 것으로 둘로 구분하면 배불리 먹는 사람과 먹을 것이 없어서 죽어가는 사람으로 구별할 수 있습니다. 배불리 먹을 수 있는 사람들이 하루를 염려하면서 살아가는 사람들을 생각하면서 그들과 함께 나누는 삶을 사는 것이 주님이 원하시는 삶입니다. 모든 사람들이 하루하루 먹을 수 있는 양, 필요의 양만큼 먹을 수 있을 때 바로 거기에 하나님 나라의 시작이 있는 것입니다.

출애굽기 16장에 보면, 애굽에서 나온 이스라엘 백성이 광야에서 먹을 것을 얻지 못하여 불평하고 원망할 때에 하나님은 하늘에서 만나를 내려 주셨습니다. 만나는 매일 매일 하늘에서 내려왔습니다. 그런데 매일 아침마다 이스라엘 백성들로 하여금 그날에 필요한 양의 만나를 거두도록 하였습니다. 욕심 많은 사람들이 내일 몫을 걷어 놓았더니 썩어 벌레가 생기고 냄새가 났습니다.

너무 가진 것이 없어도 거기에 악의 요소가 존재하게 됩니다. 삶에 대한 비관, 허무, 자기비하, 생존을 위한 범죄 이런 것들이 생겨나게 되는 것입니다. 교회는 하나님이 주시는 나눔의 삶을 실천해야 합니다. 우리가 가진 것을 함께 나눔으로서 우리 개인에게, 우리 공동체 안에 스며들어오는 모든 악의 요소들을 뿌리 뽑을 수 있는 것입니다.

3. 신성한 노동에 대하여 일깨워 주십니다.

일용할 양식을 위하여 기도하라는 말씀에는 일한만큼 거두어야 한다는 원칙이 거기에 들어있습니다. 많이 일한 사람은 많은 보수가 주어져야 하고 적게 일한 사람은 적은 보수가 주어져야 합니다. 어렵고 힘든 일을 하는 사람은 많은 보수를, 쉬운 일을 하는 사람은 적은 보수를 받아야 하는 것이지요. 이것이 노동의 정의입니다.

일용할 양식을 위한 우리의 기도가 응답받기 위해서 우리는 노동을 하지 않으면 안 됩니다. 그러므로 이 기도는 노동의 책임을 느끼고 일용할 양식을 위하여 노동을 하겠다는 서약을 하는 것입니다.

우리는 그 날에 필요한 양식을 받았으면 감사하고 만족할 줄 알아야 합니다. 왜냐하면 우리는 내일도 하나님께서 채워 주실 것을 믿기 때문입니다. 그러므로 주님은 이렇게 말씀하셨습니다. "**그러므로 내일 일을 위하여 염려하지 말라 내일 일은 내일이 염려할 것이요 한 날의 괴로움은 그 날로 족하니라**"(마 6:34).

/ 말씀을 생각하며 /

오늘 배운 문답서의 요약

문 :   답 :

오늘 배운 말씀의 교훈

이번 주 나의 기도

나
가정
이웃
교회
기타

제 50 과
죄를 사하여 주옵시고

"너희가 사람의 잘못을 용서하면
너희 하늘 아버지께서도 너희 잘못을 용서하시려니와
너희가 사람의 잘못을 용서하지 아니하면 너희 아버지께서도
너희 잘못을 용서하지 아니하시리라"(마 6:14-15)

찬송 / 270장

제105문 : 주기도문의 다섯째 기원에서 우리는 무엇을 구합니까?
답 : 주기도문의 다섯째 기원은 "우리가 우리에게 죄 지은 자를 사하여
준 것 같이 우리 죄를 사하여 주옵시고" 라고 한 구절에서 우리는 하
나님께서 그리스도를 보시고 우리의 모든 죄를 값없이 용서해 주실
것을 비는 것인데 그의 은혜로써 우리가 진심으로 다른 사람들을 능
히 용서하여 줄 수 있기 때문에 우리는 더욱 더 이것을 구할 담력을
가지게 되는 것입니다.

주님은 제자들에게 죄의 용서에 대해 기도하도록 가르치고 계십니
다. "우리가 우리에게 죄 지은 자를 사하여 준 것 같이 우리 죄를 사하여
주옵시고" 죄를 용서해 주시도록 기도하라고 주님은 말씀하셨습니다.

1. 용서의 참된 의미는 무엇입니까?

이 말씀은 우리가 다른 사람의 죄를 용서해 줄 때 주님께서도 우리의
죄를 용서해주신다는 의미로 이해할 수 있습니다. 그렇게 되면 죄 용서
를 하는 당사자가 '우리'가 되는 것입니다. 그러나 사람들의 마음은 남
을 시기하고, 헐뜯는 마음이 너그럽게 용서해 주려는 마음보다 많기 때
문에 인간의 용서는 한계가 있습니다.

그러므로 "우리가 우리에게 죄 지은 자를 사하여 준 것 같이 우리 죄를 사하여 주옵시고"란 말은, 우리가 다른 사람을 용서하여 준 것이 근거가 되어서 우리 죄를 사하여 달라는 말이 아닙니다. 이 말씀은 "우리가 주님께 죄의 용서함을 받은 것처럼, 우리도 다른 사람을 용서 할 수 있는 십자가의 마음을 달라"는 뜻입니다.

사람들이 일반적으로 생각하는 용서는, 문제를 그냥 덮어두면 되는 것으로 생각합니다. 그러나 문제를 덮어두고 끄집어 내지 않는다고 해서 진정한 용서가 될 수는 없습니다. 또한 무조건 잊어버린다고 해서 진정으로 용서했다고 말할 수는 없습니다.

2. 진정한 용서는 무엇입니까?

주님은 일흔 번씩 일곱 번이라도 용서하라고 하셨는데 우리가 어떻게 일곱 번도 아니고 일흔 번씩 일곱 번을 용서할 수 있겠습니까? 우리 속에는 남을 미워하는 마음이 훨씬 더 많은데 어떻게 용서할 수 있겠습니까? 우리의 의지로는 도저히 불가능합니다. 그러므로 성령께서 도우셔야 합니다. 성령께서 돕지 아니하시면 일곱 번 용서하는 것도 우리들에게는 거의 불가능합니다. 그래서 우리 주님은 기도하라고 말씀합니다.

마태복음 6:14-15에, "너희가 사람의 잘못을 용서하면 너희 아버지께서도 너희 잘못을 용서하시려니와 너희가 사람의 잘못을 용서하지 아니하면 너희 아버지께서도 너희 잘못을 용서하지 아니하시리라"고 하셨습니다.

우리는 주께서 우리를 용서하신 것처럼 우리도 용서할 수 있도록 십자가의 마음을 달라고 기도해야 합니다. 예수 그리스도께서 십자가상에서 흘리신 보혈의 피로 말미암아 죄 사함을 받은 자라면 용서받은 것에 머물 것이 아니라 이제는 남을 용서하는 자리에까지 나아갈 수 있어야 할 것입니다.

3. 주님의 용서의 방법

주님은 자신의 희생을 통해 우리의 죄를 사해 주셨습니다, 그 사랑이 저와 여러분에게 나타났습니다, 용서하는 삶, 이것을 우리 주님은 원하고 계십니다.

예수 그리스도께서 이 땅에 오신 것은 우리의 죄를 사하시기 위하신 것이었는데 그 죄 사함의 방법은 바로 피 흘림입니다. **"율법을 좇아 거의 모든 물건이 피로써 정결케 되나니 피 흘림이 없은즉 죄 사함이 없느니라"**(히 9:22)는 말씀이 이를 증거합니다. 그러므로 누구도 예수 그리스도의 피로써 정결하게 된 우리를 더럽다거나 정죄할 수 없습니다. 예수 그리스도의 보혈의 능력은 영원한 것이기 때문입니다.

베드로전서 2장 24절에 의하면 **"친히 나무에 달려 그 몸으로 우리 죄를 담당하셨으니 이는 우리로 죄에 대하여 죽고 의에 대하여 살게 하려 하심이라"**고 증거하고 있습니다. 우리의 죄를 대신하여 친히 십자가에서 죽으셨다고 분명히 성경은 말하고 있습니다. 피를 흘린다면 우리가 흘려야 할 것이지만, 죄인의 피로는 용서될 수 없고, 의인이 피를 흘려야 대속이 되는 것이므로 예수께서 우리를 대신하여 피 흘려 죽으심으로 우리를 구속하셨다는 것입니다.

예수 그리스도를 믿을 때에 우리의 죄의 문제가 해결되고, 잃어버린 창조형상을 회복하게 됩니다. 구원은 오직 믿음으로 주어지는 전적인 하나님의 은혜입니다. 우리도 주님을 본받아 서로 용서하는 삶을 살아야 합니다.

/ 말씀을 생각하며 /

오늘 배운 문답서의 요약

문 :

답 :

오늘 배운 말씀의 교훈

이번 주 나의 기도

나
가정
이웃
교회
기타

제 51 과
악에서 구하소서

"우리를 시험에 들게 하지 마옵시고 다만
악에서 구하시옵소서"(마 6:13)

"시험에 들지 않게 깨어 기도하라
마음에는 원이로되 육신이 약하도다 하시고"(마 26:41)

찬송 / 336장

제106문 : 주기도문의 여섯째 기원에서 우리는 무엇을 구합니까?
**답 : 주기도문의 여섯째 기원은 곧 "우리를 시험에 들게 하지 마옵시고
다만 악에서 구하옵소서" 라고 한 구절에서 우리는 하나님께서 우리
가 범죄에 이르는 시험을 당하지 않도록 해주시거나 우리가 시험을
당할 때 우리를 보호하여 구원해주시기를 구하는 것입니다.**

우리가 시험과정을 잘 통과하면 심지어 생명의 면류관을 주시겠다고
하십니다, 마치 공장에서 만들어 지는 제품이 여러 단계의 공정을 거쳐
서 그 품질이 인정되면 정부에서 K.S마크를 붙이는 것과 같습니다. 그
러므로 시험이란 우리에게 매우 유익한 것입니다.

1. 하나님이 시험하시는 이유

우리는 흔히 교회 다니면서도 '나는 시험 들었다', '그 사람 시험 들
었다'는 말을 많이 합니다. 신앙생활 잘하던 사람도 시험 들면 신앙에
소홀해집니다. 잘 섬기던 사람도 시험 들면 섬김의 일손을 놓습니다.
왜 시험에 듭니까? 하나님은 아브라함에게 독자 이삭을 제물로 바치
라는 시험을 하셨고(창 22:1-2), 광야의 이스라엘 백성들에게 만나를

날마다 주시면서 율법에 대한 순종 여부를 시험하셨습니다(출 16:4; 신 8:6). 가나안에 입성한 이스라엘의 후손들이 전쟁을 모르고 또한 하나님의 율법에 순종하는가를 보시기 위해 주변의 블레셋과 일부 가나안 사람들을 모두 쫓아내지 않고 같이 살게 하셨습니다(삿 3:1 등).

이처럼 하나님이 우리를 시험하시는 이유는, 마치 학교에서 학생들의 실력을 알아보기 위해 정기적인 시험을 치르듯, 말씀에 대한 순종 여부와 우리의 믿음을 시험하십니다(창 22:1-4). 하나님은 이런 시험을 통해 이차 목적은 우리를 신앙적으로 연단하십니다. 말하자면 하나님은 시험을 통해 우리가 자고하고 교만한 마음을 낮추고, 하나님을 경외하며 범죄하지 않음으로써, 복을 받기에 적합한 사람으로 만들기 위해 시험을 주십니다.

2. 마귀로부터 당하는 시험

마귀는 에덴동산에서 아담과 하와를 시험하고 유혹하여 우리를 타락하게 했을 뿐만 아니라, 광야에서 금식하시는 예수를 시험했고, 지금도 우는 사자처럼 다니며 시험하여 넘어뜨릴 자를 찾아다니고 있습니다(벧전 5:8).

하나님의 시험은 우리의 유익을 위한 것이지만 마귀의 시험은 우리의 멸망과 파멸을 위한 것입니다. 마귀는 시험을 통해 우리가 죄를 더 짓고, 믿음에서 떨어지고, 하나님으로부터 멀어져서 마침내는 멸망에 이르게 합니다.

마귀는 우리로 하여금 세상을 사랑하고(요일 2:15-17), 육체의 정욕을 따르게 함으로써(갈 5:17) 결국 사망에 이르게 합니다(롬 7:5). 그러므로 우리가 일반적으로 시험 받는다고 하는 말은 우리를 쓰러뜨려서 멸망시키려는 마귀의 유혹을 말합니다.

그러나 마귀의 시험을 우리 힘으로는 이겨낼 수 없습니다. 우리는 내가 시험 들지 않게 마음 동산을 잘 지켜야 할 뿐만 아니라 시험 들지 않도록 항상 주님의 도움을 구해야 합니다. 그래서 예수님은 주기도문에서 시험에 들지 않게 해달라고 기도하라고 하신 것입니다.

3. 죄의 유혹과 마귀의 시험을 이기는 방법

죄의 유혹에 빠지게 하는 환경을 멀리하고 TV, 책, 영화나 연극, 인터넷 등과 같은 죄의 유혹이 있는 통로를 차단해야 합니다. 물론 이런 것들 자체가 죄악의 근원을 아닙니다. 그러나 오늘날 마귀의 세력들이 대중문화를 통해 퍼 영적 파상 공격을 해오기 때문에 귀신 이야기, 전생 이야기, 심한 폭력, 음란한 성적 주제를 담은 것들과는 상종을 하지 말아야 합니다.

나아가 우리는 항상 성령의 인도하심을 따라 살아야 합니다. 그리고 성령을 좇아서 행하여야 합니다. 하나님은 우리에게 절대로 우울하고 좌절하고 불안한 마음을 주시지 않았습니다. 그렇게 되는 이유는 우리가 죄에 미혹되고 마귀의 시험을 받았기 때문입니다. 이러한 시험으로부터 승리하고 악을 이기는 삶을 살 수 있는 방법은 주님이 우리에게 가르치신 기도입니다. 우리가 하나님께 "악에서 구하옵소서"라고 기도 할 때 이런 유혹으로부터 우리를 이기게 합니다.

그러므로 항상 성령님과 함께 동행하며, 영성훈련을 통해 마음을 잘 지키고, 마음 밭을 잘 가꾸어서 죄의 유혹과 마귀의 시험에 들지 않는 생명의 삶을 풍성하게 누리는 여러분 모두가 되시기를 바랍니다.

/ 말씀을 생각하며 /

오늘 배운 문답서의 요약

문 :

답 :

오늘 배운 말씀의 교훈

이번 주 나의 기도

나
가정
이웃
교회
기타

제 52 과
나라와 권세와 영광

"우리를 시험에 들게 하지 마옵시고 다만 악에서 구하시옵소서
(나라와 권세와 영광이 아버지께 영원히 있사옵나이다 아멘)"
(마 6:13)

찬송 / 78장

제107문 : 주기도문의 맺는 말은 우리에게 무엇을 가르칩니까?
답 : 주기도문의 마지막 구절 곧 "나라와 권세와 영광이 아버지께 영원히 있사옵나이다 아멘"이라고 한 기도는 우리로 하여금 기도할 때 다만 하나님에게만 힘을 얻고 또 기도 중에서 나라와 권세와 영광을 그에게 돌리면서 찬송하라고 가르치며 우리의 소원과 들어주실 확증의 표로써 우리가 아멘 하는 것입니다.

주기도문을 처음 시작 할 때 "하늘에 계신 우리 아버지여!"라고 하였고, 마지막에도 "영광이 아버지께 영원히 있사옵나이다" 하면서 하나님께 초점을 맞추고 있습니다. 이렇게 기도의 시작과 끝, 모두가 하나님께로 향해 있다는 사실에 우리는 주목을 해야 합니다.

1. 나라가 영원히 아버지께

지상의 만물과 인간들의 모든 운명은 하나님의 통치를 받습니다. 우리는 하나님이 세상사와 멀리 떨어져 계신 것으로 생각하기 쉽고, 여러 국가와 그들의 통치자들 및 정치의 장에는 하나님이 없는 것으로 생각하기 쉽습니다. 그러나 우리는 이 세상이 하나님의 나라임을 믿어야 합니다. 모든 인간의 통치가 어디로부터 유래했는지 알아야 하며, 지

금 여기 지상에서도 '주의 나라는 영원한 나라'임을 확신해야 합니다.

주님은 제자들에게 "내가 너희를 위하여 거처를 예비하러 가노니", "너희를 위하여 거처를 예비하면 내가 다시 와서 너희를 내게로 영접하여 나 있는 곳에 너희도 있게 하리라"(요 14:2,3)라고 말씀하셨습니다. 주님이 제자들을 위해 예비하시는 처소는 이스라엘의 독립이 아니라 '천국' 즉 '하나님의 나라'였습니다. 그래서 주님은 빌라도 앞에 섰을 때에도 자신의 나라는 "이 땅에 속한 나라가 아니라"고 말씀하셨습니다.

또한 우리에게는 주님이 예비해 놓으신 영원한 나라가 있습니다. 이 땅에서의 삶이 전부가 아닙니다. 천국이 우리를 위해 준비되어 있습니다. 그러므로 기도할때마다 하나님나라를 바라보아야 합니다. 주님이 계시는 영원한 나라를 소망하면서 기도해야 합니다.

2. 권세가 영원히 아버지께

권세는 하나님 나라를 통치하는 능력을 말합니다. 세상의 권세는 정말 보잘 것 없습니다. 왜냐하면 그 권세는 언젠가는 무너지게 되어 있기 때문입니다. 그러나 하나님의 권세는 온 우주만물을 통치하시는 권세일 뿐 아니라 그 권세는 영원 전부터 영원까지 계속되는 권세입니다. 인간들 중에 존재하는 모든 권력과 힘은 하나님으로부터 유래하는 것입니다.

주님이 이 땅에 계시는 동안 놀라운 권세를 보여주셨습니다. 그리고 그 권세는 우리의 삶의 전 영역에 미쳐지고 있다는 것을 보여 주셨습니다. 풍랑을 만나 두려워하는 제자들에게 바다를 꾸짖어 잠잠케 하시는 권세를 보여 주셨습니다. 만약 여러분에게도 인생의 풍랑을 만나 두려움이 있을 때, 그 인생의 풍랑을 잠잠케 해 주실 분이 우리의 주님이십니다.

주님은 병든 자도 낫게 하셨습니다. 앞을 보지 못하던 맹인과 38년 동안 꼼짝도 하지 못하고 누워만 있던 병자와 심지어 이미 죽었던 나인성 과부의 아들과 회당장 야이로의 딸도 살리셨고, 죽은 지 나흘이나 지난 나사로도 살리셨습니다.

우리가 기도할 때 주님께서는 질병을 치유하실 권세가 있음을 인정해야 합니다. 그 사실을 믿음으로 바라보고 나아가야 합니다.

3. 영광이 영원히 아버지께, 아멘.

이 영광은 두말할 필요 없이 "하나님의 영광"입니다. 왜냐하면 영광을 받으실 분은 오직 한분, 하나님뿐이시기 때문입니다. 하나님 외에 그 어떤 것도 영광의 대상이 될 수 없습니다. 그런데 이스라엘 백성들은 하나님께 돌려야 할 영광을 우상에게 돌렸습니다. 금송아지를 만들고 그 앞에 절하면서 그 헛된 것에 영광을 돌렸습니다. 그런데 오늘날 우리들도 헛된 것에 영광을 돌리고 있습니다. 하나님의 영광은 하나님의 목적과 뜻이 성취되는데서 오는 찬양입니다.

아멘이란 말의 의미는 확인과 기원과 충성과 헌신입니다. 우리가 기도한 것, 그 모든 것이 그대로 되기를 바라는 마음이 '아멘'입니다. 오늘 주기도문의 제일 마지막이 '아멘'으로 끝나고 있는데, 놀라운 것은 사도요한이 역사의 종말을 고하는 계시록 제일 마지막에도 **"아멘 주예수여 오시옵소서 주예수의 은혜가 모든 자들에게 있을지어다 아멘"**(계 22:20-21)으로 끝나고 있다는 사실입니다.

요한이 역사의 종말에 '아멘'이라고 말한 것처럼, 기도의 마지막에 "아멘"이라고 말한 것처럼 저와 여러분이 이 땅에서의 삶을 다 살고 마지막 눈을 감을 때에도 "아멘"이라고 고백할 수 있기를 주의 이름으로 원합니다.

/ 말씀을 생각하며 /

오늘 배운 문답서의 요약

문 :

답 :

오늘 배운 말씀의 교훈

이번 주 나의 기도

나	
가정	
이웃	
교회	
기타	

신자와 불신자의 차이

(1) 이생에서의 차이

신자는 이생에서 하나님과 즐거운 교제를 가진다. 예수 그리스도를 통해 하나님께 갈 수 있다. 하나님은 성령을 통해 그 신자에게 오신다. 그리스도가 신자를 대신하여 징벌을 받으셨으므로 신자는 더 이상 하나님이 그를 영원히 징벌할 것이라는 두려움을 가지지 않는다. 신자의 생애에도 병이 있고 슬픔이 있다. 그러나 신자에게 이런 것은 하나님의 진노와 저주의 표현으로 오는 것이 아니고 교훈적인 연단으로 온다.

(2) 죽음에서의 차이

신자가 생애 중에 그리스도를 영접했을 때 그의 영혼은 이미 죽음에서 생명으로 옮겨졌다. 이제 죽음이나 사망이 그를 괴롭히지 못한다. 영혼은 이미 사망의 권세를 벗어났기 때문이다. 아무도 그를 그리스도에게서 떼어낼 수 없다. 불신자는 영과 육이 다 하나님에게서 분리되었고, 죽음과 이루 말할 수 없는 고통을 당하게 된다. 불신자는 이미 영적으로 죽었다. 사망에서 생명으로 옮겨지지 못한다.